Beihefte zur Berliner Theologischen Zeitschrift
Leere Kirchen – voller Einsatz?

Beihefte zur Berliner Theologischen Zeitschrift

―

Herausgegeben im Auftrag
der Humboldt-Universität zu Berlin
durch die Theologische Fakultät

2022

Leere Kirchen – voller Einsatz? Kirche und sozialer Zusammenhang in ländlichen und urbanen Räumen

---

XXVIII. Werner-Reihlen-Vorlesungen

Herausgegeben von Torsten Meireis
und Clemens Wustmans

DE GRUYTER

ISBN 978-3-11-077406-1
e-ISBN (PDF) 978-3-11-077468-9
e-ISBN (EPUB) 978-3-11-077478-8
ISSN 2748-8500

Library of Congress Control Number: 2021950687

Bibliografische Information der Deutschen Nationalbibliothek
Die Deutsche Nationalbibliothek verzeichnet diese Publikation in der Deutschen Nationalbibliografie; detaillierte bibliografische Daten sind im Internet unter http://dnb.dnb.de abrufbar.

© 2022 Walter de Gruyter GmbH, Berlin/Boston
Coverabbildung: ndcityscape / iStock / Getty Images Plus
Druck und Bindung: CPI books GmbH, Leck

www.degruyter.com

Inhalt

Zur Rolle der Kirche(n) im sozialen Zusammenhang ländlicher und urbaner Räume
       Einleitung —— 1

Kerstin Menzel
„Weiße Flecken" und „Rückzug aus der Fläche"?
       Über kirchliche Präsenz in ländlichen Räumen —— 5

Birgit Hoyer
Von Menschen und Räumen —— 23

Tobias Faix
Das Wunder von Moabit
       Eine kirchentheoretische Reflexion anhand einer kirchlichen Neubelebung —— 33

Christopher Zarnow
Jenseits von Jedem
       Ambiguitätstoleranz als urbane Tugend —— 47

Martina Bär
Anders Kirche-Sein in Megacities
       Eine lateinamerikanische Perspektive —— 63

Henrietta Grönlund
Searching for social cohesion in contexts of diversity and intertwining inequalities
       The contributions and roles of European national churches —— 75

Clemens Wustmans
„Stadt" und „Land" – im Fluss
       Sozialethische Perspektiven auf Stadt-Land-Differenzen —— 87

Zur Rolle der Kirche(n) im sozialen Zusammenhang ländlicher und urbaner Räume

Einleitung

„Urbanisierung bildet einen globalen Megatrend, der kaum umkehrbar erscheint." (EKD 2021, 10) – Was die jüngste Studie der EKD-Sozialkammer auch für Deutschland konstatiert, wo etwa drei Viertel der Bevölkerung in Städten leben, betrifft die Kirche direkt, weil sie eine der zivilgesellschaftlichen Agenturen darstellt, die sowohl in der Stadt als auch auf dem Land präsent ist. Das gilt auch angesichts und trotz des aktuellen und projektierten Rückgangs organisationeller Zugehörigkeit, trotz des Rückgangs an Kirchenmitgliedern. Denn auch nach den Projektionen der Freiburger Studie (EKD 2019, 7) wird auch 2060 nach wie vor ein Viertel der Bevölkerung Mitglied einer der beiden Großkirchen sein, und selbstverständlich sind theologisch gesehen weder der Auftrag noch die Wirksamkeit des Wortes Gottes von deren messbarer Mitgliederstärke abhängig. Zugleich gilt, dass die Verstädterung nicht nur für urbane, sondern auch für ländliche Räume eine Herausforderung darstellt. Sind in den Städten die Fragen von bezahlbarem Wohnraum, von ökologisch, sozial und ökonomisch nachhaltiger Stadtentwicklung sowie der Ermöglichung öffentlicher Güter und Sozialräume, die den sozialen Zusammenhalt stärken, dringlich, so sind es auf dem Land angesichts mancherorts immer dünnerer Besiedlung etwa Aspekte der Infrastruktur, aber auch hier der ökologischen Nachhaltigkeit und der sozialen Bindung. Sozialökologische Herausforderungen stellen einen Bereich dar, in dem sich die Kirchen seit langem engagieren – ein Sachverhalt, der sich auch im Kontext der Coronakrise erneut gezeigt hat. (GEKE 2021)

Dass und inwiefern Kirchen auf die Herausforderungen der Urbanisierung für städtische und ländliche Räume reagieren und wie dies geschieht, ist freilich nur selten Thema. Grund genug, dieser Frage eine Serie der Reihlen-Vorlesungen und der Beihefte zur Berliner Theologischen Zeitschrift zu widmen, indem Rekonstruktionen des Handelns der Kirchen im ländlichen Raum und im städtischen Kontext auf nationaler und internationaler Ebene versammelt und durch eine sozialethische Reflexion komplementiert werden.

Mit *Kerstin Menzel* eröffnet bewusst eine theologische Expertin für *ländliche* Räume den Band – schließlich präsentieren sich, so Menzel, Forschungsaktivitäten zum Thema „Religion und Stadt" in Theologie und anderen Wissenschaften kaum überschaubar, während vergleichbare Forschungszusammenhänge zu ländlichen Räumen deutlich intensiverer Suche bedürfen. Menzel verwehrt sich gegen die Versuchung, kirchliche Präsenz in ländlichen Räumen als Residualkategorie zu fassen und in diesem Zusammenhang vom „Rückzug aus der Fläche" zu sprechen. Vielmehr votiert sie eindrücklich für die bleibende Bedeutung vielfältiger kirchlicher Präsenz in Form sozialer Orte und im Kontext des gesellschaftlichen Wandels, wie sie in ländlichen Räumen nach wie vor hochgeschätzt und hochbedeutsam sind.

Auch *Birgit Hoyer* widerspricht der Idee eines defizitären Blicks auf Kirche in ländlichen Räumen; vielmehr plädiert sie für eine raumsoziologisch reflektierte Sicht auf den „gelebten Raum" und die Betonung der komplexen Verflochtenheit urbaner und ruraler Räume anhand des Begriffs der „Landschaft". An die Stelle einer Ausrichtung der Pastoral an einer starren Dichotomie gelte es kirchlich, aktuelle Lebenssituationen und Raumherausforderungen aus unterschiedlicher Warte wahrzunehmen und die christliche Botschaft mit diesen handelnd in Beziehung zu setzen.

Unter dem Titel „Das Wunder von Moabit" entfaltet *Tobias Faix* kirchentheoretische Reflexionen zur Großstadt anhand des eindrücklichen Beispiels einer kirchlichen Neubelebung; das Projekt REFO wurde ab 2009 durch einen Konvent in der aufgelassenen Reformationskirche in Berlin-Moabit entwickelt und ist damit ein Gegenbeispiel zum Schrumpfungstrend, der für viele Kirchen in den vergangenen Jahren Umnutzungen oder gar den Abriss bedeutete. Faix sieht in der sozialräumlichen Konzeptentwicklung, im Widerstand gegen eine Milieuverengung und im Selbstverständnis der Gemeinde als Transformations-, respektive Katalysationsfunktion in ihrem Stadtteil, ihrem ‚Kiez', ein gelungenes Beispiel kirchlicher Konkretion von Öffentlicher Theologie.

Ambiguitätstoleranz macht *Christopher Zarnow* zum Ausgangspunkt seiner Überlegungen, um so seine Beiträge zur *urbanen Theologie* um ethische Perspektiven zu erweitern. Als Ausdruck kontextueller und kontextsensibler Theologie versteht Zarnow urbane Theologie bzw. Theologie der Stadt als theologischen Respons auf den Erfahrungsraum der Großstadt mit all seinen Ambivalenzen, dem Zusammenspiel von Vielfalt und Segregation sowie Mehrdeutigkeit. Die Bejahung religiöser Pluralität sieht Zarnow dabei als Ergebnis jahrhundertelanger Lernprozesse der europäischen Religionsgeschichte, den Umgang mit sozialer Ungleichheit – zwischen Diakonie und Utopie – als Kernthema vieler städtischer Kirchengemeinden.

Gleich aus mehreren Gründen lässt es die Beschäftigung mit der Rolle der Kirchen im sozialen Zusammenhang ländlicher und urbaner Räume nicht zu, internationale Perspektiven zu übergehen: So sind einerseits die Zentren von Religiosität längst außerhalb Europas und vielmehr im globalen Süden zu finden, wie auch andererseits Entwicklungen von Urbanität hin zu Megacities auch aus

Berliner Perspektive auf anderen Kontinenten noch einmal deutlich andere Größenordnungen bedeuten.

Martina Bär untersucht dementsprechend eine lateinamerikanische Perspektive auf das (anders) Kirche-Sein in Megacities am Beispiel von Mexico-City mit beinahe 22 Millionen Einwohner:innen. In den ambivalenten Kontrasten der Megametropolen sieht Bär Parallelen zu Kontrasten innerhalb der römisch-katholischen Kirche Lateinamerikas zwischen Befreiungstheologie und deren Ablehnung, durch die Herausforderung durch Säkularisierungstendenzen ebenso wie durch pentekostale Kirchen und *prosperity gospel*. Bär beschreibt exemplarische Zugänge zu einer lateinamerikanischen Großstadtpastoral, die sich in Orientierung an der Trinität auf eine „Umkehr" hinsichtlich ihrer Sprache und Gemeinschaft sowie der lokalen Verankerung in Form von Hauskirchen hin ausrichtet und als missionarischer Aufbruch verstehe.

Eine (nord-) europäische Perspektive nimmt die finnische Professorin für Urban Theology *Henrietta Grönlund* ein. Sie untersucht die Rolle der europäischen Kirchen für den sozialen Zusammenhalt gegenwärtiger europäischer Städte und sieht darin die Reflexion kontextueller Geschichten und Kulturen. Allen Dynamiken und Diversitäten zum Trotz sieht Grönlund Ähnlichkeiten zwischen den Kirchen verschiedener europäischer Staaten hinsichtlich der Herausforderungen, mit denen sie gegenwärtig in europäischen Städten konfrontiert sind, und im Hinblick auf ihre sich wandelnden Rollen in den sich religiös diversifizierenden europäischen Kontexten. Gerade dort, wo Kirche die Rolle einer Nationalkirche einnimmt, bedürfe es der Balance zwischen Nähe zum Staat und Teilhabe an der Zivilgesellschaft, zwischen Rückgriff auf ihre Traditionen und Offenheit für religionsplurale Gegenwart.

Abschließend geht *Clemens Wustmans* sozialethischen Perspektiven auf Stadt-Land-Differenzen nach, greift dabei jedoch auf die bereits in vorherigen Beiträgen dieses Bandes getroffene These zurück, nach der starre Polaritäten zwischen urbanen und ländlichen Räumen zurückzuweisen seien, und begründet dies anhand raumplanerischer Untersuchungen. Wustmans untersucht sodann den Topos der Gleichwertigkeit der Lebensverhältnisse auf gesellschaftspolitische Ansprüche und Umsetzung und prüft das Narrativ ihrer Verschiebungen angesichts der CoVid19-Pandemie. In einem letzten Schritt stellt er Korrelationen zu religionshistorischen Befunden zur Stadt-Land-Thematik her und adressiert Konsequenzen und Herausforderungen für die theologisch-sozialethische Arbeit.

Mit dem vorliegenden Beiheft zur Berliner Theologischen Zeitschrift wird der XXVIII. Jahrgang der Werner-Reihlen-Vorlesungen dokumentiert. Großer Dank gilt zunächst der Stifterfamilie Reihlen, die seit 1991 zum Gedenken an den 1945 im Alter von 18 Jahren gefallenen Werner Reihlen die Förderung des Gesprächs der evangelischen Theologie mit anderen Wissenschaften unter Betonung des ethischen Gesichtspunktes ermöglicht.

Als Herausgeber bedanken wir uns herzlich bei allen Autorinnen und Autoren, die mit ihren Beiträgen differenzierte Blicke auf die Rolle der Kirchen im sozialen Zusammenhang ländlicher und urbaner Räume mit ihren je spezifischen Herausforderungen ermöglichen und mit ihrer Bereitschaft zur Praxis des interkonfessionellen und interdisziplinären Gesprächs zugleich eindrückliche Beispiele liefern. Für die gemeinsame Organisation und Durchführung der Tagung gilt unser Dank dem gesamten Lehrstuhlteam, insbesondere Bettina Schön, die auch die vorliegenden Texte umsichtig redigiert hat. Schließlich danken wir den Herausgeberinnen und Herausgebern der Berliner Theologischen Zeitschrift sowie Dr. Albrecht Döhnert, Katharina Zühlke und dem Team des Verlags de Gruyter für die unkomplizierte Zusammenarbeit.

Berlin, im Januar 2022

Torsten Meireis
Clemens Wustmans

Literaturverzeichnis

EKD. 2019. *Kirche im Umbruch. Zwischen demografischem Wandel und nachlassender Kirchenverbundenheit.* Eine langfristige Projektion der Kirchenmitglieder und des Kirchensteueraufkommens der Universität Freiburg in Verbindung mit der EKD.

EKD. 2021. *Bezahlbar wohnen. Anstöße zur gerechten Gestaltung des Wohnungsmarktes im Spannungsfeld sozialer, ökologischer und ökonomischer Verantwortung.* Kammer der EKD für soziale Ordnung, Hannover.

GEKE/CPCE. 2021. *Being Church Together in a Pandemic. Reflections from a Protestant Perspective.* Communion of Protestant Churches in Europe, focus No. 29 (E/2021).

Kerstin Menzel
„Weiße Flecken" und „Rückzug aus der Fläche"?
Über kirchliche Präsenz in ländlichen Räumen

1 Ländliche Räume als Residualkategorie

> Was sich von selbst versteht, muss nicht eigens thematisiert werden. Während der Begriff ‚urbanes Christentum' in den vergangenen beiden Jahrzehnten vielfältige Debatten ausgelöst hat und Stadtkirchenarbeit breit diskutiert wird, fehlt ein paralleler Gesprächsgang zum Christentum in ländlichen Räumen [...] (Fechtner 2010, 116)

So bilanzierte Kristian Fechtner vor zehn Jahren. Während die Forschungsbereiche zu Religion und Stadt in Theologie und anderen Sozialwissenschaften kaum überschaubar sind, sucht man Vergleichbares für ländliche Räume beinahe vergeblich. „Die Stadt", so Kristian Fechtner weiter, „erscheint als das Experimentierfeld heutigen Christentums, das Dorf hingegen als ein Residuum konventioneller Kirchlichkeit. Die dörfliche Lebenswelt bildet [...] wenig mehr als eine Folie, von der sich die Kirche in der Stadt, insbesondere der Großstadt abhebt." (Fechtner 2010, 116)

Fechtners Resümee markiert jedoch auch eine Zeit, in der diese praktisch-theologische Leerstelle zunehmend in den Blick kam: 2005 erschien der v. a. historisch angelegte Band von Kai Hansen, 2007 die EKD-Denkschrift zu ländlichen Räumen *Wandeln und gestalten*. 2011 die Studie zu Pastoral in ländlichen Räumen von Birgit Hoyer (für den katholischen Bereich vgl. auch Hartmann 2012). Im Rahmen der 2011 gegründeten Land-Kirchen-Konferenz der EKD sind seitdem auch einige empirische Studien entstanden (Kirchenamt der EKD 2016; Dahm 2005; Stahl et al. 2019), teilweise verbunden mit dem ebenfalls 2011 gegründeten Forschungsverbund *Think rural* an der Greifswalder Universität, in dem die Theologie u. a. neben Gesundheitsökonomie, Kriminologie, Politikwissenschaft und Geographie vertreten ist (Herbst et al. 2010; Schlegel und Alex 2012; Alex und Schlegel 2014; Dünkel et al. 2014). Insbesondere der Pfarrberuf in ländlichen Räumen hat an Aufmerksamkeit gewonnen (Cordes 2013; Ziermann 2018; Menzel 2019). Aber auch andere Bereiche der Praktischen Theologie, wie die Religionspädagogik, haben ländliche Räume gelegentlich aufmerksamer wahrgenommen (Domsgen und Steinhäuser 2014).

Ländliche Räume bilden auch in der soziologischen Theoriegeschichte eine seltsame Leerstelle. Die großen Modernitätstheorien von Weber über Simmel und Benjamin bis zur Chicago School sind zugleich Meilensteine der Stadtforschung. Weil sich im 19. Jahrhundert und der ersten Hälfte des 20. Jahrhunderts die Triebkräfte der Modernisierung (Rationalisierung, Enttraditionalisierung, Technisierung usw.) aus der Urbanisierung heraus ergeben haben, verbindet sich diese Forschung mit der Gegenüberstellung der dynamischen, individualisierten, aber auch bedrohlichen Großstadt zum heilen, idyllischen, aber auch zurückgebliebenen Land. Auch soziologisch sind ländliche Räume selten mehr als die Folie, von der sich beobachtete Entwicklungen der Stadt abheben (Born 2014). Landsoziologie war zumeist Agrarsoziologie (Neu 2010, 356–357).

Wo dieser Gegensatz heute fortgeschrieben wird, überblendet er spezifische Modernisierungs- und Angleichungsprozesse in ländlichen Räumen seit dem Ende des 2. Weltkriegs, die sich durch die Bildungsexpansion, durch die Verbreitung der Massenmedien und die verbesserte Mobilität vollzogen haben. Der Strukturwandel der Landwirtschaft hat deren dominante Stellung versickern lassen. Die Individualisierung hat dafür gesorgt, dass es außer dem landwirtschaftlichen keine spezifisch ländlichen Milieus oder Lebensstile mehr gibt (Schulz 2008, 190). Durch das Pendeln sind alle beruflichen Felder in ländlichen Räumen zu Hause, ja, selbst die *creative class* findet in ländlichen Räumen passende Arbeitsbedingungen (Ermann 2011). Die Privatisierung hat zur Folge, dass man sich auch in ländlichen Räumen vorwiegend im Freizeitbereich begegnet, wenn überhaupt. Generationenübergreifende Familienverbände haben sich aufgelöst, Zuzug hat homogene Dorfgemeinschaften fragmentiert und die Auflösung sozialer Kontrolle hat neue Freiräume eingezeichnet (Hansen 2005, 290–297). Die Beschwörung der Dorfgemeinschaft liegt häufig nur mehr als „normativer Schleier über der sich verändernden Realität" (Gebhardt und Kamphausen 1994, 161).

Von einer Stadt-Land-Differenz kann also schon lange keine Rede mehr sein. Und so sprechen die Sozialwissenschaften auch inzwischen von einem Stadt-Land-*Kontinuum* oder von urbanen und ländlichen Räumen *im Plural*. Damit nehmen sie auf, dass sich Modernisierung, Traditionserhalt und Wandel in je verschiedener Weise ausspielen, abhängig von räumlichen Gegebenheiten, sozialen und historischen Einflüssen. Dass es zwischen dem Dorf und der inneren Großstadt eine ganze Reihe anderer Formationen des sozialen und geographischen Raums gibt – von inneren und äußeren Stadtrand-Bereichen über Mittel- und Kleinstädte bis hin zu ländlichen Versorgungszentren. Dass Bevölkerungsentwicklung und Infrastrukturausstattung, Lebensstile und Vergemeinschaftungen immer neue Konstellationen eingehen und dass wirtschaftliche, touristische und kulturelle Schwerpunkte auch spezifische Eigenlogiken hervorbringen, wobei ich hier bewusst diesen stadtsoziologischen Begriff von Martina Löw verwende (Berking und Löw 2008).

2 „Weiße Flecken" und „Rückzug aus der Fläche"

Ein zweites Narrativ hat sich in den vergangenen Jahren neben das einer heilen, von modernen Dynamiken verschonten Welt geschoben. In gewisser Weise knüpft auch dieses Narrativ an den Mythos des vormodernen Landes an: man könnte es das Narrativ des Zurückgebliebenen, Vergessenen, Krisenhaften nennen. Judith Zander schreibt in ihrem Roman *Dinge, die wir heute sagten*:

> Es gibt keine Kneipe in Bresekow. Es gibt überhaupt nichts. Es ist das Zentrum des Nichts, das sich kurz hinter Berlin auftut und bis Rostock nicht aufhört. Hier liegen die verschwiegenen Orte, nachlässig verschüttet in einer Landschaft zum Übersehen, flach. Ein hässliches Endlein der Welt, über das man besser den Mund hält. (Zander 2010, 7–8)[1]

Mit wenigen Begriffen ist das gesellschaftliche Szenario präsent: demographischer Wandel, Überalterung, Abwanderung v.a. der Gebildeten und Jungen, Infrastrukturrückbau. Oder mit Saša Stanišić:

> Es gehen mehr tot, als geboren werden. Wir hören die Alten vereinsamen. Sehen den Jungen beim Schmieden zu von keinem Plan. Oder vom Plan, wegzugehen. Im Frühling haben wir den Stundentakt vom 419er eingebüßt. Die Leute sagen, ein paar Generationen noch, länger geht das hier nicht. (Stanišić 2014, 12–13)

In *diesem* Diskurs lässt sich auch die Rede von „weißen Flecken" verorten, die Ausgangspunkt meiner Überlegungen zur Präsenz sein sollen. Weiße Flecken werden in dreifacher Hinsicht diagnostiziert: allgemein gesellschaftlich, für die Kirche und für die Arbeit von Pfarrer:innen. Dies will ich zunächst aufzeigen, bevor ich unter 3. drei kurze Beobachtungen zum kirchlichen und theologischen Diskurs ausführe und unter 4. weiterführende Perspektiven entwickle.

---

[1] Es lohnt sich, für die Wahrnehmung ländlicher Räume literarische Beschreibungen und Imaginationen einzubeziehen. Zur gegenwärtigen Land-Literatur vgl. Marszalek et al. 2018.

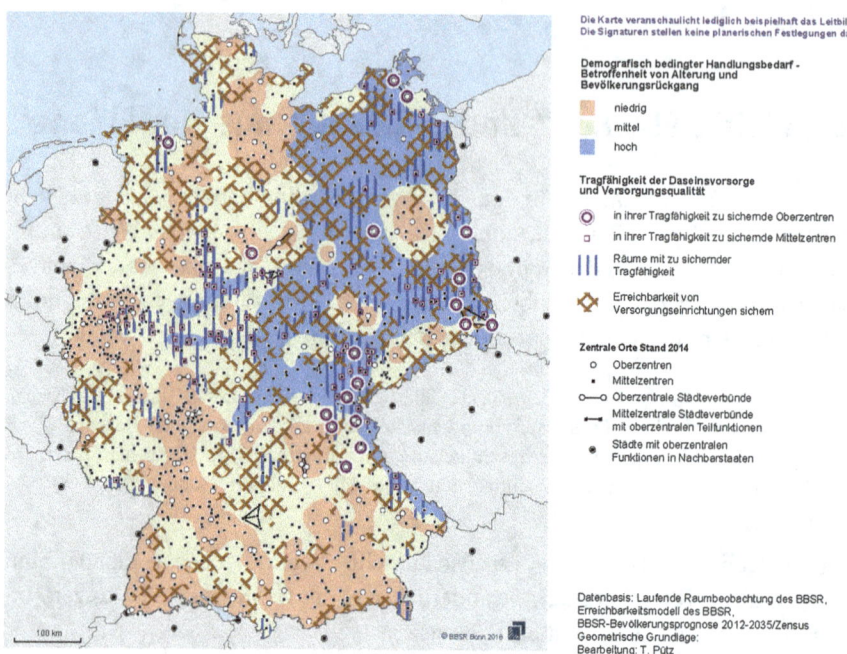

Abb. 1: Bundesamt für Bauwesen und Raumordnung 2017, 8

2.1 Gesellschaft: Peripherisierung

Im Zuge der Veröffentlichung der Arbeitsergebnisse einer entsprechenden Kommission der Bundesregierung wurde im Sommer 2019 wieder einmal aufgeregt über das grundgesetzliche Ziel „gleichwertiger Lebensverhältnisse" in Deutschland diskutiert. Die Förderung strukturschwacher Regionen sollte zwar in westdeutsche Bereiche ausgedehnt werden. Die übergroße Mehrheit der Kreise mit schlechteren Indikatoren in Sachen Bevölkerungsentwicklung, Arbeitsmarkt und wirtschaftlicher Situation, Wohlstand und Infrastruktur lag aber auch in den letzten Jahren nach wie vor in Ostdeutschland (Abb. 1, Bundesamt für Bauwesen und Raumordnung 2017, 8).

In der medialen Diskussion wurden dann aus „strukturschwachen" schnell wieder „abgehängte" Regionen und das Institut für Wirtschaftsforschung Halle forderte – wie andere schon früher[2] –, das „Dogma der gleichwertigen Lebensverhältnisse" aufzugeben (zitiert nach Kleine 2020).

Der Fachbegriff für die Prozesse der demographischen, wirtschaftlichen und infrastrukturellen Abkopplungsprozesse ist Peripherisierung. Diese betrifft in besonderem Ausmaß ländliche Räume, in einigen westdeutschen, aber fast allen ostdeutschen Bundesländern, aber auch einige städtische und innerstädtische Räume. Claudia Neu sieht in der Folge die Gefahr „territorialer Ungleichheit", wenn

> der Zugang zu erstrebenswerten Gütern und Dienstleistungen wie Arbeitsplatz oder gesundheitliche Versorgung als auch das Erreichen von begehrten Positionen aufgrund des Wohnortes dauerhaft erschwert [...] ist und so Teilhabechancen am gesellschaftlichen Leben für die Betroffenen eingeengt [...] werden (Neu 2006, 8 unter Bezug auf Reinhard Kreckel, vgl. Barlösius 2006 und Neu 2009, 92–94).

Mit dieser Entwicklung wird nicht allein die Daseinsvorsorge eingeschränkt. Es gehen auch öffentliche Orte verloren (Neu und Schlegel 2011, 11), zivilgesellschaftliche Prozesse werden geschwächt und die Öffentlichkeit entpluralisiert sich (Kersten et al. 2013; Kersten et al. 2019).

Damit gibt es hier „weiße Flecken" in zweierlei Hinsicht:
- Zum einen droht das Netz staatlicher Daseinsvorsorge mit technischer, sozialer und Verkehrsinfrastruktur zu reißen. Die Antwort hierauf ist allgemein die Stärkung und Sicherung des Prinzips *zentraler Orte*, von einem ausgeklügelten System von Grund-, Mittel- und Oberzentren sowie die Suche nach neuen, mobilen und digitalen Formaten der Daseinssicherung.
- Zum anderen ist eine flächendeckende Präsenz der Zivilgesellschaft gefährdet. Der Jurist Jens Kersten und die Soziologen Claudia Neu und Berthold Vogel schlagen als Gegenstrategie hier die Stärkung *sozialer Orte* vor, „Orte, an denen Menschen etwas miteinander gestalten, sich vernetzen und oft auch auf erlebte Mangelsituationen reagieren" (Kersten et al. 2019). Auch diese Orte brauchen „die staatliche Gewährleistung von Infrastrukturen und öffentlichen Gütern", aber sie brauchen ebenso „engagierte und innovationsfähige Akteure", langfristige Förderung und „überregionale Aufmerksamkeit und Vernetzung" (Kersten et al. 2019).

---

2 Vgl. Berlin Institut für Bevölkerung und Entwicklung 2011, 7: „Die zunehmende Ungleichheit der regionalen Lebensbedingungen sollte politisch akzeptiert werden".

2.2 Kirchlicher Rückbau

Was gesellschaftlich der Bevölkerungsrückgang, ist kirchlich die Schrumpfung der Mitgliederzahlen. Und auch Infrastrukturrückbau findet statt, auch wenn er zumeist Struktur*reform* heißt. Die Gemeinden sind kleiner geworden, Stellen von Mitarbeitenden wurden reduziert, Angebote finden in größeren Rhythmen statt. Ebenso wie in den Kommunen wird über Zentralisierung diskutiert und nach Ehrenamtlichen gerufen (Neu und Schlegel 2011). Manche wie Thomas Schlegel etwa meinen, diese Entwicklung habe längst „perforierte Regionen" geschaffen (eine Formulierung von Schlegel, aufgenommen von Alex 2013, 58). „Rhetorisch hält man an der flächendeckenden Präsenz fest. Weiße Flecken auf der Landkarte darf es für Kirche und Staat nicht geben. Auch wenn es sie längst gibt" (Neu und Schlegel 2011, 11).

Doch was genau wird eigentlich perforiert? Welches Netz reißt? Welche Präsenz ist nicht mehr flächendeckend aufrecht zu erhalten?

Die innerkirchliche kritische Rede vom „Rückzug aus der Fläche" lässt sich m. E. gar nicht angemessen verstehen, wenn sie nicht in die allgemeinen gesellschaftlichen Verluste und die Erfahrung immer neuer Umbrüche eingezeichnet wird. Von daher lässt sich die Angst vor „weißen Flecken" in der kirchlichen Präsenz ebenfalls doppelt lesen: als Sorge um Lücken in der Versorgungsinfrastruktur und als Sorge um den Verlust sozialer Orte.

1. Was gesellschaftliche Versorgungsinfrastruktur bezeichnet, lässt sich am ehesten den klassischen Aufgaben *parochialer* Amtsführung und Kirchenleitung sowie den Amtshandlungen parallelisieren, also den Aufgaben der Kirche als Institution. Hier geht es ebenso um Erreichbarkeit, um Räume und Sprechzeiten, um Strukturanpassung und Zentralisierung.
2. Die sozialen Orte, deren Verschwinden man fürchtet, sind dagegen eher in den gemeinschaftsförmigen Gestalten von Kirche zu verorten. Im Hintergrund der Verlustängste stehen wohl an vielen Orten Ideale der *Gemeindebewegung*, deren Zielvorstellung die Untergliederung der Gemeinde in enge, sozial unterstützende wie kontrollierende, alters- und geschlechtsspezifische Gruppen war.

Mithin – es sind Kirchenbilder, die evangelisches Christsein lange geprägt haben, die sich nun unter Druck sehen (vgl. Dröge 2014): die Institution, die sich manifestiert im bewohnten Pfarrhaus neben der Kirche, in der sonntäglich und lebensbegleitend Gottesdienst gefeiert wird. Und das volle Gemeindehaus mit Gruppen und Kreisen.

2.3 Pastorale Überlastung

Ein Rückzug aus der Fläche wird schließlich auch für den Pfarrberuf konstatiert. Wo Pastoren nicht mehr vor Ort lebten, so die Befürchtung, verlören sie auch den Kontakt zu den Menschen. Darunter leide die Qualität der Gemeindearbeit, die dann noch unattraktiver werde. So beschrieb schon vor 35 Jahren der Praktische Theologe Eberhard Winkler den „Teufelskreis" schrumpfender Gemeinden (Winkler 1987, 163).

Landpfarramt wird gegenwärtig, so hat es Simone Ziermann diskursanalytisch nachgewiesen, vor allem als Herausforderung konzeptionalisiert. Es wird mit Durchhalten, Mangel, Überlastung, gar Kampf, assoziiert. Pfarrer werden bemitleidet, wenn es sie „aufs Land verschlägt". Hier geht niemand mehr freiwillig hin, so meint man, oder nur heldenhafte, selbstlose Ausnahmegestalten (Ziermann 2018, 153–154). Es wird gemutmaßt, dass die Situation in ländlichen Räumen die Gefahr von psychischer Überlastung und Burnout steigere. So ließe sich die Präsenz in der Fläche nicht aufrechterhalten (etwa bei Herbst 2014, 95).

2.4 Fazit: Defizitorientierung

> Die evangelische Kirche löst ihre Strukturprobleme in der Fläche auf dem Rücken ihrer Mitarbeiter/innen und Ehrenamtlichen. [...] Daher kann man nur mit allergrößtem Respekt von denjenigen reden, die in diesen Strukturen arbeiten, die die langen Wege, die kleinen Gottesdienste, die seltenen Amtshandlungen usw. tragen im Dienste der Verkündigung des Evangeliums. Dass es so viel pastorale Lust und Leidenschaft auf dem Lande gibt, ist ein Wunder vor dem Herrn und sollte als solches bezeichnet werden. (Gundlach 2010, 18)

Dieses Zitat von Thies Gundlach von 2010 löst in Pfarrkonventen ländlicher Regionen häufig (verbittertes) Lachen aus. Das einseitige Bild von Kirche in ländlichen Räumen als krisenhaft und überfordernd ist ebenso ein städtischer Blick von außen wie der Mythos vormoderner Idylle. Beide bilden noch immer die Gegenfolie städtischen Christentums und spiegeln genau darin die Ambivalenz von herausfordernder urbaner Fragmentierung mit dem Gegenbild der Idylle und pulsierender urbaner Lebendigkeit mit dem Gegenbild des Krisenraums.

Natürlich beschreiben die genannten Wahrnehmungen reale Entwicklungen. Doch sie sind einseitig und homogenisierend. Sie machen gegenläufige Tendenzen, Lebensqualität und nicht so selten auch vorhandene Zuwanderung, Innovation und kreative Anpassung, Kontinuitäten und zivilgesellschaftliches oder kirchliches Engagement unsichtbar. Werden sie einseitig fortgeschrieben, wirken sie weiter entwertend und kränkend. Nötig ist daher ein ernsthafter und ehrlicher Blick auf die Entwicklung, der jedoch hinter den mythischen Bildern von Krisenfall und Idylle nach differenzierten Wahrnehmungen sucht. Neben die verbreitete Defizitorientierung sollte auch die Wahrnehmung von Ressourcen treten. Und die Beschreibung sollte nicht allein auf Kennzahlen fokussieren, sondern die Perspektive der Menschen vor Ort integrieren.

3 Präsenz – Differenzierungen

3.1 „Leuchtfeuer oder Lichternetz" oder doch „das Land leuchtet"? – Die Gefährlichkeit der Lichtmetaphorik

Strukturrückbau und Ausdehnung von Verantwortungsbereichen – das große Schlagwort dieser Entwicklungstendenzen ist der Begriff der Regionalisierung. Heftig ausgetragene Konflikte sind hier vorgezeichnet. 2012 erschien aus dem Institut zur Erforschung von Evangelisation und Gemeindeaufbau in Greifswald heraus ein Band zum Verhältnis von regionaler und lokaler Präsenz unter dem Titel „Leuchtfeuer oder Lichternetz" (Schlegel und Alex 2012). Die Herausgeber plädieren darin für eine wechselseitige Ergänzung beider Formen und ihnen entsprechender missionarischer Strategien. Worauf es mir nun hier ankommt, ist eine Beobachtung, die Gerhard Wegner am Ende des Bandes einspielt: Selbstverständlich werde hier vorausgesetzt, „dass das ‚Licht' erst durch diese, wie auch immer im Einzelnen gedachte, Präsenz der Kirche in die ländlichen Räume hineinleuchtet. Damit ist aber vorausgesetzt [...], dass die ländliche Welt als solche dunkel ist." (Wegner 2012, 185) Entsprechend drückten viele Texte „eine recht aktivistische und bisweilen auch angestrengte Haltung aus" (Wegner 2012, 186). Solange die Frage nach kirchlicher Präsenz auf die institutionelle Angebotsseite verengt wird – und das ist nicht allein die Gefährdung evangelikal geprägter Entwürfe – entsteht schnell Alarmismus und ein hoher Handlungsdruck, so würde ich dieses Argument weiterführen. Demgegenüber kann ein Fokus auf die Kommunikation des Evangeliums im Sinne Ernst Langes dazu führen, dass die Menschen nicht nur als Objekte kirchlicher Verkündigung gesehen, sondern als Subjekte ihres Lebens und Glaubens ernst genommen werden.

3.2 „Gewährleistung von kirchlichen Grundvollzügen" – die Grenze zentraler Festlegungen

Eine Reihe von innerkirchlichen Zukunftspapieren der letzten Jahre schlägt als Reaktion auf die sich ausdehnenden Verantwortungsbereiche vor, sich auf Kernaufgaben oder Grundvollzüge zu konzentrieren (Kirchenamt der EKD 2007,

58, für weitere Beispiele vgl. Menzel 2019, 407–410). Häufig werden diese dann nur mit den klassischen Handlungsfeldern Gottesdienst und Kasualien, Seelsorge und Bildung konkretisiert, für hauptamtliche Mitarbeitende häufig ergänzt durch die Weiterbildung von Ehrenamtlichen.

Zwei kritische Beobachtungen dazu: Die Benennung der klassischen Handlungsfelder hilft leider nicht, Schwerpunktsetzung zu orientieren. Denn zu wenig wird darin klar: Worin bestehen die jeweiligen Grundvollzüge konkret, also z.B. welche Bildungsformate und -gelegenheiten sind sinnvoll? Auf welche Zielgruppe richten sich diese Grundvollzüge? In welcher Form werden sie gestaltet? Welche Akteure sind beteiligt? Wie sind Gottesdienst, Seelsorge und Bildung auf die Lebenswelt und die gesellschaftlichen Themen vor Ort bezogen? Sie *suggerieren* also nur, dass es mit dieser Konzentration ganz einfach wäre, zu entscheiden, was man tut und was man lässt.

Und: Die Angebote werden zumeist nicht aus den Interessen und Ressourcen des jeweiligen Raumes her entwickelt, sondern stehen – zumindest scheinbar – schon fest. Partizipation ist – überspitzt gesagt – eher die der Ehrenamtlichen, die den Kirchenschlüssel hüten oder den Besuchsdienst vom Pfarrer übernehmen, nicht die Partizipation im Sinne einer gemeinsamen Weiterentwicklung oder Ideenfindung, und auch nicht die Partizipation in zivilgesellschaftlichen Prozessen im Sozialraum, in denen sich der kirchliche Auftrag an diesem konkreten Ort allererst neu verstehen ließe.

3.3 „Leere Pfarrhäuser" – die Dynamik symbolischer Überhöhungen

Die Frage nach der kirchlichen Präsenz wird nicht selten auch über das Pfarrhaus verhandelt bzw. imaginiert (vgl. Hildenbrand 2015). Es steht „über die individuelle Amtsperson hinaus für die Gegenwart der Kirche im Lebensbereich der hier ansässigen Menschen" (Zeindler 2013, 126). Damit in Verbindung steht die Wahrnehmung von Pfarrerinnen und Pfarrern als „Schlüsselpersonen" für die Wahrnehmung der Kirchenmitglieder. Diese Perspektive ist – im Anschluss an eine Unterscheidung von Matthias Zeindler (2013, 129–132) – in dreifacher Hinsicht zu präzisieren:

Eine erste Dimension ist die der *lokalen* Präsenz, also der schlichten Gegenwart eines Gebäudes oder einer Person. Hier ist die symbolische Wirkung des bewohnten Pfarrhauses sicher nicht zu unterschätzen, zugleich ist zu betonen: Auch das Kirchengebäude ist ein Zeichen lokaler Präsenz oder – abgeschlossen und kaum genutzt – kirchlicher Abwesenheit.

Die zweite Dimension ist die der *zeitlichen* Präsenz und Erreichbarkeit. Hier weisen neuere empirische Studien zum Pfarrhaus darauf hin, dass dieses als Ort der Kontaktanbahnung im Zeitalter von Telefon und Email an Bedeutung verloren hat. Die Erwartung, dass man für Hilfe in Notsituationen oder seelsorgerliche Anliegen zu ungewöhnlichen Zeiten im Pfarrhaus jemanden erreicht, wird vor allem von Kirchenfernen vertreten, ist also eine Erwartung, die sich auf andere bezieht (Hartmann und Schendel 2013, 6–7, Hildenbrand 2015, 220–221).

Die dritte Dimension ist die der *personalen* Präsenz, die Nähe zu den Menschen und die Einbindung in Informationsnetzwerke, die sich aus dem Wohnen vor Ort ergeben, aber auch die Möglichkeiten der Alltagsseelsorge und die Verknüpfung von Kirche und Lebenswelt „durch die im Pfarrhaus wohnhafte Pfarrerin", die „in denselben Läden einkauft, im gleichen Wald joggt und wie man selbst eine Katze besitzt" (Zeindler 2013, 131). Die Ausdehnung der Verantwortungsbereiche reduziert diese Kontaktmöglichkeiten ohne Zweifel. Zugleich lässt sich fragen, ob sich nicht andere Formen des miteinander Lebens finden oder entwickeln lassen.

4 Präsenz plural denken

Nach diesen kritischen Beobachtungen zum Diskurs um kirchliche Präsenz in ländlichen Räumen skizziere ich im Folgenden drei weiterführende Perspektiven.

4.1 Pluralität der Entwicklung

In der Sozialwissenschaft und der Geographie hat sich die Bezeichnung „ländliche Räume" im Plural längst durchgesetzt. Immer wieder werden neue Typologien erarbeitet, die verschiedene Variablen ins Verhältnis setzen, um die Situation differenziert zu beschreiben. Auch für den Diskurs um kirchliche Präsenz in ländlichen Räumen wäre diese differenzierende Sicht wünschenswert. Zu unterschiedlich sind die sozialräumlichen Entwicklungen, die Ressourcen und Herausforderungen, als dass man verallgemeinernd über „das Land" sprechen könnte. Das ist im Einzelfall gar nicht einfach, denn zum Teil unterscheiden sich Entwicklungen in nebeneinander liegenden Orten, abhängig von der Geschichte der Gemeinden und Region, den vorhandenen oder nicht vorhandenen Ressourcen und den dort lebenden Menschen. Es lohnt sich daher, immer wieder zwischen Mikro-, Meso- und Makroebene zu wechseln.

Für die Gemeindeentwicklung würde die Betonung pluraler Entwicklungspfade vor allem die Wahrnehmung lokaler Sozialräume und darauf aufbauende konzeptionelle Reflexion betonen. Ist nicht genau dies das Profil der *Orts*-Gemeinde? Wo funktionale Dienste besondere Expertise in einem spezifischen gesellschaftlichen Funktionssystem wie Krankenhaus oder Gefängnis mitbringen, sollten sich in den Gemeinden Pfarrer:innen finden, die wissen, welche Themen und Herausforderungen vor Ort drängend sind (vgl. Baden et al. 2020). Beispiele, in denen Kirchengemeinden Impulsgeberinnen für ländliche Regionalentwicklung waren, gibt es natürlich längst (vgl. Kötter 2015). Jan Hermelink hat jüngst argumentiert, dass „in der dezidierten Öffnung für die aktuellen Auseinandersetzungen" eines konkreten Sozialraums „eine [...] wesentliche Aufgabe der Großkirchen" liegen könnte und dass sich in der konzilianten Bearbeitung derselben ihre öffentliche Rolle quasi performativ erweist (Hermelink 2019, 131).

4.2 Pluralität religiöser Sozialformen

Ich habe oben aufgezeigt, dass die Diskussion häufig auf die Dimensionen parochialer Institution und klassischer Gemeinschaftsförmigkeit verengt ist. Ein mehrdimensionales Kirchenbild (vgl. Hermelink 2011, Hauschildt und Pohl-Patalong 2013, Menzel 2019, vgl. auch religionssoziologische Weiterführungen etwa bei Krech et al. 2013) kann hier den Blick weiten.

- Neben der institutionellen Gestalt der Parochie gibt es andere kirchliche *Institutionen*, auch in ländlichen Räumen: Schulen und Kitas, Diakonie-Einrichtungen, Landvolkshochschulen und andere Bildungseinrichtungen etc.[3] Und es gibt funktionale Arbeitsbereiche meist auf der Ebene der Kirchenkreise, die in je spezifischer Weise Präsenz eröffnen.
- Eher *organisationsförmig* sind Projekte wie Dorfkirchensommer und Orgelnächte.
- Noch punktueller sind einzelne *Ereignisse* wie ein Filmfestival oder ein Literaturwettbewerb mit Jugendlichen aus benachbarten Schulen, ein Regionalkirchentag oder Kirche auf der Gartenschau. Diese Formen haben den Charakter des Events als Sozialform.
- Neben Institution, Organisation und Event tritt Kirche als *besonderer Ort*. Kirchengebäude erweisen sich zunehmend als öffentliche Räume und warden als solche profiliert: durch gemeinsame Nutzung mit der Kommune, durch touristische Profilierung als Radwege- oder Pilgerkirche, als Theater- oder Kulturkirche. Dabei überschneiden sich im Blick auf die Gebäude neben

---

[3] Gerade in Ostdeutschland haben diese kirchlichen Institutionen jenseits der Ortsgemeinde nicht selten größere Kraft als diese selbst, vgl. Haspel 2021.

der gemeindlichen, gottesdienstlichen Nutzung die Präsenz für *individuelle spirituelle Erfahrung* (offene Kirchen) und Kirche als *Kulturträgerin* in ländlichen Räumen – beides Dimensionen, die in der aktuellen Krise gesellschaftlich sehr genau wahrgenommen werden.
- Ausgehend von den Kirchengebäuden kann man auch auf Kirche als *soziale Bewegung* aufmerksam werden: Viele Kirchbauvereine setzen sich höchst eigenständig und manchmal auch widerständig für den Erhalt der Kirchen ein, es gibt Initiativen, die sich für bestimmte gesellschaftliche Anliegen einsetzen, bspw. gegen Populismus und rechte Ideologien.

Gerade wo der Druck zur Veränderung hoch ist, entwickeln sich auch neue Formen von Präsenz, das hat eine Doppelstudie aus Greifswald und Bonn unter dem Titel *Freiraum und Innovationsdruck* gezeigt (Kirchenamt der EKD 2016).

Damit treten dynamischere, punktuellere bzw. passagere Formen neben dauerhafte und intensive. Nicht immer lassen diese sich in langfristigeren strukturellen Planungsprozessen sinnvoll aufnehmen, noch weniger antizipieren. Spielräume dafür herzustellen und zwischen diesen unterschiedlichen, auch spannungsreichen Formen zu vermitteln, könnte dann eine Aufgabe kirchlicher Leitung sein.

4.3 Personale Pluralität

Die Vermutung, dass Pfarrerinnen und Pfarrer in ländlichen Räumen in besonderem Ausmaß belastet sind, hat sich in einer psychologischen Studie im Stadt-Land-Vergleich nicht bestätigen lassen (Stahl et al. 2019). In meiner eigenen Arbeit habe ich herausgestellt, dass die Ausdehnung der Verantwortungsbereiche Grundspannungen des Pfarrberufs verstärkt: die Verortung in vertikalen und horizontalen Konfliktlinien (vgl. Lange 1982), die hohen Anforderungen, die in einem „schwach strukturierten Rahmen situiert" sind (Wagner-Rau 2009, 27), die Diffusität der Ansprüche und Aufgaben, die einer geforderten Konzentration gegenübersteht (Wagner-Rau 2009, 29–30).

Es ist nicht die additive Summe aller schwierigen Entwicklungen, die meine Befragten als Belastung erleben, sondern es sind meist einige wenige Aspekte, die eng mit dem jeweiligen pastoralen Selbstverständnis verbunden sind (zum folgenden vgl. Menzel 2019, 416–458). Ein Pfarrer, der sich als Manager im Gemeindeaufbau versteht, hadert mit den Bereichen, die sich seinem Veränderungsimpetus widersetzen und missionarischen Bemühungen gegenüber resistent erscheinen. Einem Pfarrer, der sich als Alltagsseelsorger versteht, fehlt das Gefühl, seine Gemeinde zu kennen und Zeit für Besuche. Eine Pfarrerin, die sich als Ansprechpartnerin für dringende seelsorgerliche Anliegen versteht, zerreißt sich zwischen den unterschiedlichen Ansprüchen. Präsenz ist damit auch sehr individuell und Zufriedenheit entsteht dort, wo eigenes Selbstverständnis, eigene Fähigkeiten und Interessen in Resonanz zur Situation vor Ort stehen, wo sich eine Passung ergibt. Das unterstreicht einmal mehr, dass es eine zentrale Festlegung von Grundvollzügen oder Kerntätigkeiten nicht geben kann, sondern nur das kontextuelle Austarieren passender Sozialformen und Gestaltungen.

Am Thema des Pfarrhauses hat sich gezeigt, dass der Blick auf kirchliche Akteure auf den Pfarrberuf verengt ist. Zweifellos hat dieser eine besondere Bedeutung, weil die Rolle von Pfarrer:innen öffentlich wahrgenommen wird, weil sie im Schnittpunkt unterschiedlicher Gruppen stehen und weil ihre Ausbildung sie in besonderer Weise befähigt, Räume für religiöse Kommunikation zu eröffnen (vgl. Wagner-Rau 2016, 181–184). Kirchliche Präsenz in personaler Hinsicht auf den Pfarrberuf zu reduzieren, ist jedoch im Blick auf andere Berufsgruppen und Ehrenamtliche keinesfalls angemessen.

5 Fazit – „flächendeckende Präsenz"?

Der Begriff der „flächendeckenden Präsenz" ist mit unterschiedlichen kirchentheoretischen Leitbildern verquickt und dadurch missverständlich. Daher plädiere ich dafür, ihn nicht als Kategorie für kirchliche Arbeit, Gottesdienstfrequenz, gemeindliche Angebote oder pastorale Tätigkeiten zu gebrauchen und die Rede von „weißen Flecken", „Rückzug aus der Fläche" o. ä. ganz zu vermeiden. Zu sehr wird verunklart, worin diese „Lücken" bestehen sollten, was genau „nicht mehr da" ist, zu abwertend ist diese Rede gegenüber dem Engagement und der Innovationskraft kirchlicher Akteur:innen. Die Gestalt kirchlicher Präsenz verändert sich zweifellos, wie sie es immer getan hat, es gibt Abschiede und notwendige Trauerprozesse. Lokale, temporale und personale Präsenz finden sich aber auch heute in vielfältigen Formen: Die Dimension der lokalen Präsenz verweist auf die *Sichtbarkeit* kirchlicher Arbeit – in Gebäuden, durch Menschen, in Ereignissen. Die Dimension der temporalen Präsenz lässt sich als *Erreichbarkeit*, Ansprechbarkeit oder Vernetzung reformulieren. Wo kommt man mit kirchlichen Akteur:innen in Kontakt, gesucht oder zufällig? Und die Dimension der personalen Präsenz verweist auf *Kommunikationsprozesse* vielfältiger Art, lebensnah und gesellschaftsinteressiert.

Zu entdecken gilt es v. a., dass kirchliche Präsenz in Form von sozialen Orten im Kontext des gesellschaftlichen Wandels in ländlichen Räumen hochgeschätzt und auch hochbedeutsam ist. Vielleicht sind es die zivilgesellschaftlichen „weißen Flecken", die territoriale Ungleichheit und die Lücken der Zivilgesellschaft, die das Nachdenken über Gemeindeentwicklung stärker prägen sollte: Partizipation, Zugang, Teilhabe, Freiräume, Schutzräume. Kommunikation des Evangeliums in einem eminent gesellschaftsrelevanten Sinn.

Literaturverzeichnis

Alex, Martin. 2013. „Allein auf weiter Flur? Zum Pfarrbild in ländlich-peripheren Räumen." In *Alles auf Anfang. Missionarische Impulse für Kirche in nachkirchlicher Zeit*, hg. von Matthias Clausen, Michael Herbst und Thomas Schlegel, 42–68. Neukirchen-Vluyn: Neukirchener.

Alex, Martin und Thomas Schlegel, Hg. 2014. *Mittendrin! Kirche in peripheren ländlichen Regionen. Beiträge zu Evangelisation und Gemeindeentwicklung*, Bd. 21. Neukirchen-Vluyn: Neukirchener.

Baden, Maximilian, Friederike Erichsen-Wendt, Folkert Fendler, Julia Koll, Kerstin Menzel und Peter Meyer. 2020. „‚Denk nicht, sondern schau!'. Der eine Pfarrdienst und seine vielfältigen parochialen und funktionalen Spielarten." *Deutsches Pfarrerblatt* 120 (9): 562–567.

Barlösius, Eva. 2006. „Gleichwertig ist nicht gleich." *Aus Politik und Zeitgeschichte* 37: 16–23.

Berking, Helmuth und Martina Löw, Hg. 2008. *Die Eigenlogik der Städte. Neue Wege für die Stadtforschung*. Frankfurt/New York: Campus.

Berlin Institut für Bevölkerung und Entwicklung. 2011. *Die Zukunft der Dörfer. Zwischen Stabilität und demographischem Niedergang*. http://www.berlin-institut.org/fileadmin/user_upload/Doerfer_2011/Die_Zukunft_der_Doerfer_Webversion.pdf (13.4.2011).

Born, Karl Martin. 2014. „Das Dorf in der Peripherie. Umrisse eines Residualortes." In *Identitätsraum Dorf. Religiöse Bildung in der Peripherie*, hg. von Michael Domsgen und Ekkehard Steinhäuser, 21–39. Leipzig: Evangelische Verlagsanstalt.

Bundesamt für Bauwesen und Raumordnung. 2017. *Raumordnungsbericht 2017*. Berichte des BBR. Bonn.

Cordes, Harm. 2013. *Kirche im Dorf – Glaube im Alltag. Impulse für die kirchliche Arbeit im ländlichen Raum*. Leipzig: Evangelische Verlagsanstalt.

Dahm, Karl-Wilhelm. 2005. „Frust und Lust im heutigen Pfarrberuf." *Deutsches Pfarrerblatt* 105(5): 232–237.

Domsgen, Michael und Ekkehard Steinhäuser, Hg. 2014. *Identitätsraum Dorf. Religiöse Bildung in der Peripherie*. Leipzig: Evangelische Verlagsanstalt.

Dröge, Markus. 2014. „Je größer die Maschen, desto fester die Knoten. Leitbilder für eine ‚Kirche in der Fläche'". In *Abbrechen hat seine Zeit, bauen hat seine Zeit (Prediger Salomo 3,3)*. Dokumentation der 2. Land-Kirchen-Konferenz der EKD vom 28. bis 30. Mai 2013 in Northeim (epd Dokumentation 17/2014), hg. vom Kirchenamt der EKD, 29–36. Hannover (Sonderdruck).

Dünkel, Frieder, Michael Herbst und Thomas Schlegel, Hg. 2014. *Think Rural! Dynamiken des Wandels in peripheren ländlichen Räumen und ihre Implikationen für die Daseinsvorsorge*. Wiesbaden: Springer VS.

Ermann, Ulrich. 2011. „Kunst und Kreativität als Faktor ländlicher Ökonomien. Vernachlässigbar oder unterschätzt?" *Geographische Rundschau* 2: 20–28.

Fechtner, Kristian. 2010. *Späte Zeit der Volkskirche. Praktisch-theologische Erkundungen.* Stuttgart: Kohlhammer.

Gebhardt, Winfried und Georg Kamphausen. 1994. *Zwei Dörfer in Deutschland. Mentalitätsunterschiede nach der Wiedervereinigung.* Wiesbaden: VS Verlag für Sozialwissenschaften.

Gundlach, Thies. 2010. „Kirche in der Fläche – Beobachtungen und Thesen." In *Kirche in der Fläche. Dokumentation einer Konsultation von Landpastorinnen und Landpastoren* (epd-Dokumentation 45/2010), hg. vom Kirchenamt der EKD, 17–20. Hannover (Sonderdruck).

Hansen, Kai. 2005. *Evangelische Kirchen in ländlichen Räumen. Ein Rundblick über Geschichte und Gegenwart.* Schenefeld: EB-Verlag.

Hartmann, Christian und Gunther Schendel. 2013. *„In der Kirche ist es kalt, im Pfarrhaus ist es warm". Das evangelische Pfarrhaus in seiner öffentlichen Bedeutung.* Online verfügbar unter https://www.siekd.de/wp-content/uploads/2018/06/Artikel-Evangelische-Stimmen_Hartmann_Schendel_Pfarrhaus.pdf.

Hartmann, Richard, Hg. 2012. *Bilderwechsel. Kirche – herausgefordert durch ländliche Räume.* Würzburg: Echter Verlag.

Haspel, Michael. 2021. „Post-volkskirchliche offene Minderheitskirche. Herausforderungen und Chancen für evangelische Kirche und Protestantismus in Ostdeutschland." In *Volkskirche in postsäkularer Zeit. Erkundungsgänge und theologische Perspektiven*, hg. von Sonja Beckmayer und Christian Mulia, 345–364. Stuttgart: Kohlhammer.

Hauschildt, Eberhard und Uta Pohl-Patalong. 2013. *Kirche.* Lehrbuch Praktische Theologie 4. Gütersloh: Gütersloher Verlagshaus.

Herbst, Michael. 2014. „Zufrieden, aber erschöpft? Zur Lage von Pfarrerinnen und Pfarrern in peripheren ländlichen Räumen. Response zum Beitrag von Leslie J. Francis." In *Think Rural! Dynamiken des Wandels in peripheren ländlichen Räumen und ihre Implikationen für die Daseinsvorsorge*, hg. von Frieder Dünkel, Michael Herbst und Thomas Schlegel, 90–96. Wiesbaden: Springer VS.

Herbst, Michael, Thomas Schlegel und Martin Alex. 2010. „Jenseits der Idylle? Kirche in strukturschwachen ländlichen Räumen. Das IEEG Greifswald stellt einen wichtigen Zweig seiner Forschung vor." In *Kirche in der Fläche. Dokumentation einer Konsultation von Landpastorinnen und Landpastoren* (epd-Dokumentation 45/2010), hg. vom Kirchenamt der EKD, 29–32. Hannover (Sonderdruck).

Hermelink, Jan. 2011. *Kirchliche Organisation und das Jenseits des Glaubens. Eine praktisch-theologische Theorie der evangelischen Kirche.* Gütersloh: Gütersloher Verlagshaus.

Hermelink, Jan. 2019. „Öffentlicher Raum als Raum der Kirche. Kirchentheoretische Beobachtungen und Erinnerungen." In *Raum. Kirche. Öffentlichkeit. Dynamiken aktueller Präsenz*, hg. von Frank Martin Brunn und Sonja Keller, 119–132. Leipzig: Evangelische Verlagsanstalt.

Hildenbrand, Katrin. 2015. *Leben in Pfarrhäusern. Zur Transformation einer protestantischen Lebensform.* Stuttgart: Kohlhammer.

Hoyer, Birgit. 2011. *Seelsorge auf dem Land. Räume verletzbarer Theologie.* Stuttgart: Kohlhammer.

Kersten, Jens, Claudia Neu und Berthold Vogel. 2013. „Lichtung räumlicher und sozialer Strukturen." *Kirche im ländlichen Raum* 64(1): 4–7.

Kersten, Jens, Claudia Neu und Berthold Vogel. 2019. „Gleichwertige Lebensverhältnisse – für eine Politik des Zusammenhalts." *Aus Politik und Zeitgeschichte* 43. Online verfügbar unter https://www.bpb.de/apuz/300048/fuer-eine-politik-des-zusammenhalts (abgerufen am 17.03.2021).

Kirchenamt der EKD, Hg. 2007. *Wandeln und gestalten. Missionarische Chancen und Aufgaben der evangelischen Kirche in ländlichen Räumen*. EKD Texte 87. Hannover.

Kirchenamt der EKD, Hg. 2016. *Freiraum und Innovationsdruck. Der Beitrag ländlicher Kirchenentwicklung in „peripheren Räumen" zur Zukunft der evangelischen Kirche*. Leipzig: Evangelische Verlagsanstalt.

Kleine, Aya Isabel. 2020. „Preisgabe ländlicher Räume?" In *Lange Wege der Deutschen Einheit*. bpb-Dossier. Online verfügbar unter https://www.bpb.de/geschichte/deutsche-einheit/lange-wege-der-deutschen-einheit/305548/preisgabe-laendlicher-raeume#footnode3-3.

Kötter, Ralf. 2015. *Das Land ist hell und weit. Leidenschaftliche Kirche in der Mitte der Gesellschaft*. 2. Aufl. Berlin: EB-Verlag.

Krech, Volkhard, Jens Schlamelcher und Markus Hero. 2013. „Typen religiöser Sozialformen und ihre Bedeutung für die Analyse religiösen Wandels in Deutschland." *KZfSS Kölner Zeitschrift für Soziologie und Sozialpsychologie* 65: 51–71. https://doi.org/10.1007/s11577-013-0218-5.

Lange, Ernst. 1982. „Die Schwierigkeit, Pfarrer zu sein." In ders. *Predigen als Beruf. Aufsätze zu Homiletik, Liturgie und Pfarramt*, hg. von Rüdiger Schloz, 142–166. München: Kreuz.

Marszalek, Magdalena, Werner Nell und Marc Weiland, Marc. Hg. 2018. *Über Land. Aktuelle literatur- und kulturwissenschaftliche Perspektiven auf Dorf und Ländlichkeit*. Bielefeld: transcript.

Menzel, Kerstin. 2019. *Kleine Zahlen, weiter Raum. Pfarrberuf in ländlichen Gemeinden Ostdeutschlands*. Stuttgart: Kohlhammer.

Neu, Claudia. 2006. „Territoriale Ungleichheit – eine Erkundung. *Aus Politik und Zeitgeschichte* 37: 8–15.

Neu, Claudia. 2009. „Daseinsvorsorge und territoriale Ungleichheit." In *Daseinsvorsorge. Eine gesellschaftswissenschaftliche Annäherung*, hg. von Claudia Neu, 80–96. Wiesbaden: VS Verlag für Sozialwissenschaften.

Neu, Claudia. 2010. „Land- und Agrarsoziologie." In *Handbuch Spezielle Soziologien*, hg. von Georg Kneer und Markus Schroer, 243–261. Wiesbaden: VS Verlag für Sozialwissenschaften/GWV Fachverlage GmbH Wiesbaden.

Neu, Claudia und Thomas Schlegel. 2011. „Anders und doch so ähnlich: Kirche und Staat als Akteure im ländlichen Raum." *Kunst und Kirche* 74 (1): 9–14.

Schlegel, Thomas und Martin Alex. Hg. 2012. *Leuchtfeuer oder Lichternetz. Missionarische Impulse für ländliche Räume*. Neukirchen-Vluyn: Neukirchener.

Schulz, Claudia. 2008. „Wer würdigt und wer fürchtet den kirchlichen Strukturwandel? Regionalisierung aus der Sicht von Kirchenmitgliedern aus unterschiedlichen Lebensstilen und Milieus." In *Aufbruch in die Region. Kirchenreform zwischen Zwangsfusion und profilierter Nachbarschaft*, hg. von Stefan Bölts und Wolfgang Nethöfel, 184–191. Schenefeld: EB-Verlag.

Stahl, Benjamin, Anja Hanser und Michael Herbst. Hg. 2019. *Stadt, Land, Frust? Eine Greifswalder Studie zur arbeitsbezogenen Gesundheit im Stadt- und Landpfarramt*. Leipzig: Evangelische Verlagsanstalt.

Stanišić, Saša. 2014. *Vor dem Fest*. München: Luchterhand.

Wagner-Rau, Ulrike. 2009. *Auf der Schwelle. Das Pfarramt im Prozess kirchlichen Wandels.* Stuttgart: Kohlhammer.
Wagner-Rau, Ulrike. 2016. „Wichtiger und unwichtiger zugleich: Pfarrberuf und religiöser Wandel." *Pastoraltheologie* 105 (4): 169–184.
Wegner, Gerhard. 2012. „Das Land leuchtet. Auf der Suche nach einer Spiritualität der Präsenz – ein Kommentar. In *Leuchtfeuer oder Lichternetz. Missionarische Impulse für ländliche Räume*, hg. von Thomas Schlegel und Martin Alex, 185–189. Neukirchen-Vluyn: Neukirchener.
Winkler, Eberhard. 1987. „Die neue ländliche Diaspora als Anfrage an die Praktische Theologie." *Theologische Literaturzeitung* 3: 161–170.
Zander, Judith. 2010. *Dinge, die wir heute sagten.* Roman. München: Dt. Taschenbuch-Verl.
Zeindler, Matthias. 2013. „Das Pfarrhaus als ‚Kirche vor Ort'. Theologische Überlegungen zur Präsenz der Volkskirche in der Gesellschaft." In *Das reformierte Pfarrhaus. Auslauf- oder Zukunftsmodell?*, hg. von Sabine Scheuter und Matthias Zeindler, 125–133. Zürich: TVZ.
Ziermann, Simone. 2018. *Landpfarramt. Eine sprachwissenschaftlich-pastoraltheologische Inventur.* Leipzig: Evangelische Verlagsanstalt.

Birgit Hoyer
Von Menschen und Räumen

Im Kontext des Gesamtthemas liegt der Fokus dieses Beitrags auf dem Raum, auf ländlichen Räumen und den Menschen, die diesen Raum bilden, und v. a. der Grundfrage dieses Bandes:

1 Und was können Theologie und Kirche davon lernen?

Damit wird die für Theologie und Kirche entscheidende Frage gestellt. Hinter der Frage steht ein in katholischer Theologie und Kirche zwar theoretisch immer wieder postuliertes Konzept, ein in post-postmodernen Kontexten unbedingt notwendiger Anspruch auf einen Paradigmen- und Perspektivwechsel von Theologie und Kirche, der in der Realität, in der theologischen und kirchlichen Praxis dann aber doch nicht konsequent, systematisch und systemisch vollzogen wird. Es geht um den Wechsel in Wahrnehmung und Herangehensweise, konsequent von den Menschen, den gesellschaftlichen Situationen und Bedarfen her zu denken und nicht von den Bedarfen der Kirche.

Der Umgang mit dem Thema Missbrauch bzw. der Kommentar in der Süddeutschen Zeitung macht die polaren Sichtweisen deutlich. Überschrieben mit „Das System des Vertuschens ist immer noch stark" kommentiert Matthias Drobinski das Gutachten einer unabhängigen Kanzlei, das dem Bistum Aachen schwere Versäumnisse im Umgang mit Missbrauchsfällen nachweist und erstmals auch die Namen der Verantwortlichen nennt. Der gegenwärtige Bischof würde Mut beweisen und damit einen neuen Standard setzen, denn die Untersuchung in Aachen wechselt grundsätzlich die Perspektive. Sie fragt nicht mehr zuerst, was Bischof, Generalvikar, Personalchef alles unternommen haben, wenn es Vorwürfe gegen einen Priester gab. Das Gutachten fragt: Was geschah, um den Betroffenen der Gewalt zu helfen? Und was, damit es möglichst keine weiteren Opfer gibt? Es ist die Perspektive der verletzten Menschen. Insofern ergreifen die Gutachter Partei – für die Schwachen, auf deren Seite zu stehen die Kirche so stolz ist. (Drobinski 2020)

55 Jahre sind vergangen, seit das Zweite Vatikanische Konzil zu Ende ging, das Pastoralkonzil, das in der Pastoralkonstitution *Gaudium et spes* die Existenz der katholischen Kirche an ihr Verhältnis zur Welt gebunden hat. Wie die Kirche nicht ohne Offenbarung und nicht ohne Liturgie Kirche sein kann, so kann sie es auch

nicht, wenn sie ihren Auftrag nicht erfüllt, der in *Gaudium et spes* (GS) 1 verbindlich und klar formuliert ist: Freude und Hoffnung, Trauer und Angst der Menschen von heute, besonders der Armen und Bedrängten aller Art, sind auch Freude und Hoffnung, Trauer und Angst der Jünger Christi. Und es gibt nichts wahrhaft Menschliches, das nicht in ihren Herzen Widerhall fände. (GS zitiert nach Rahner und Vorgrimler 1991)

Die Frage vor aller Planung, was der Beitrag der Kirche sein könnte, ist also, was bewegt die Menschen in ländlichen Kontexten, und erst dann, wie sind in diesen säkularen Kontexten Gott und die Botschaft Jesu Christi zu buchstabieren, damit, um auf zwei der fulminanten Formulierungen des Konzils zurückzugreifen, Kirche „Zeichen und Werkzeug für die innigste Vereinigung mit Gott wie für die Einheit der ganzen Menschheit" (Lumen Gentium 1 zitiert nach Rahner und Vorgrimler 1991) wird und so das „allumfassende Sakrament des Heiles", „welches das Geheimnis der Liebe Gottes zu den Menschen zugleich offenbart und verwirklicht" (GS 45 zitiert nach Rahner und Vorgrimler 1991; vgl. Kasper 1987, 237–254). Lerninhalt und Lernziel sind also klar definiert. Dietrich Bonhoeffer hat beides schon 1944 zugespitzt: „Was mich unablässig bewegt, ist die Frage, was das Christentum oder auch wer Christus heute für uns eigentlich ist."(Brief v. 30.04.1944 zitiert nach Bethge 1985) Er ist überzeugt, „daß man erst in der vollen Diesseitigkeit des Lebens glauben lernt […], nämlich in der Fülle der Aufgaben, Fragen, Erfolge und Mißerfolge, Erfahrungen und Ratlosigkeiten […], ich denke, das ist Glaube, […] und so wird man ein Mensch, ein Christ." (Brief v. 21.7.1944 zitiert nach Bethge 1985)

In der Diesseitigkeit des Lebens glauben lernen, ist die Aufgabe der Kirche in der Nachfolge Jesu Christi.

2 Wer ist Raum?

Der Lernprozess, in den Theologie und Kirche eintreten, um am Ende zu wissen, was ihr Beitrag in den individuellen und gesellschaftlichen Situationen ländlicher Räume sein kann, bedingt neben dem grundsätzlichen Perspektivwechsel einen Wandel bzw. eine Klärung des Raumbegriffs. „Räume sind nicht physisch gegeben, sondern werden als *gelebter Raum* von handelnden und wahrnehmenden Menschen geschaffen. Der *gelebte Raum* ist ein Raum der körperlichen Erfahrung."(Lefebvre 1974, 336) Das ist der Kernsatz des spatial turns der 1970er Jahre. Es ist der Abschied von einem ländlichen Raum, der sich an objektiven Kriterien festmachen lässt. Raum und Mensch stehen miteinander in Beziehung, wie Kirche und Gesellschaft, pastoraler und sozialer Raum, Stadt und Land. Weder ländlicher Raum noch Kirche sind abgeschlossene Räume, Container, die aufeinander treffen, sondern Geflechte, die sich abhängig von Menschen, Geografie und Geschichte sehr individuell und regional ausprägen. „Die Vielfalt ländlicher Regionen reicht von ‚verdichteten', suburbanen Wohngebieten, sog. ‚Zwischenstädten', bis zu ‚sehr ländlichen Gebieten', [...] in Vorpommern, und im [...] Bayerischen Wald." (Vonderach 2004, 7) „Und natürlich stehen diese Raumsituationen in Wechselbeziehung mit der Sozial- und Erwerbsstruktur." (Henkel 1995, 27) In katholischen Planungen taucht der Raum, zumal der als pastoral bezeichnete, überwiegend als nach Planungskriterien zentral festgelegter Raum auf. Kirchlicherseits wurde und wird eher an starren Raumvorstellungen festgehalten – auch in der Kategorisierung von Stadt und Land. Stadt und Land ist jedoch nicht länger als Polarität, sondern als fließende Matrix zu denken.

Interessant ist beim Blick in die europäische Siedlungsgeschichte, dass dieser fließende Übergang, bzw. die Gleichwertigkeit und Gleichberechtigung der Lebensformen von Stadt und Land, schon von 1000 n.Chr. bis zur Industriellen Revolution typisch für Europa sind. (Vgl. Bätzing 2003, 256) Es kann nach dem Kulturgeografen Georg Bätzing als weltweite Sonderentwicklung angesehen werden, dass sich Stadt und Land in der europäischen Kultur lange Zeit wechselseitig ergänzt und damit die Identität Europas geprägt haben.

[Gerade] wirtschaftlich sind beide Lebensformen eng miteinander verbunden: [...] die Stadt [...] muss vom Land mit Lebensmitteln versorgt werden, aber das Land stellt sich bereits im späten Mittelalter so stark auf diese Aufgabe ein, dass großräumige Arbeitsteilungen entstehen. [...] Schon am Ende des Mittelalters gibt es auf dem Lande kaum noch echte Selbstversorgerwirtschaften. (Bätzing und Hanzig-Bätzing 2005, 11)

3 Kirchen – *Landschaft*

Um die Verflochtenheit von städtischen und ländlichen Räumen und v.a. die sozialen wie räumlichen Herausforderungen besser in den Blick nehmen zu können, eignet sich der Begriff der Landschaft. Landschaft ist nicht ausschließlich das grüne Umland der Stadt. Der Begriff umfasst Städte, Infrastrukturen, Landwirtschaft, Wälder, Seen, etc. Mit Landschaft kann jedes Zusammenspiel räumlicher Elemente und die Erfahrung des Zusammenspiels und der damit verbundenen Atmosphären als Geschehen beschrieben werden. (Schultz 2014, 30) Dieses Landschaftsverständnis beschreibt also nicht ein statisches Bild, sondern ein komplexes, wandelbares Geschehen, das nie hundertprozentig vorhersehbar ist. Landschaften entstehen im Auge der Betrachtenden. Hier formt sich der unüberschaubare Raum zu einem Ganzen. Der Landschaftsbegriff beinhaltet laut dem Landschaftsarchitekten Sören Schöbel-Rutschmann „eine räumliche Struktur, ein offenes Ganzes, in dem die Vielfalt, die Unterschiede als Qualität erhalten sind und ein Zusammenhang konstruiert ist, der nicht beweis-, aber vermittelbar ist – und in dem sich eine eigene Qualität entwickelt." (Schöbel-Rutschmann 2008, 16) Landschaften stehen demnach für Unvorhersehbarkeit, Prozessualität und Relationalität – also „das „Eingebundensein in ein raumzeitliches Netzwerk" (Prominski 2004, 16). Menschen sind das komplexeste Element der Landschaften: „Menschen sind es, die Landschaftsbilder in ihren Köpfen produzieren, gleichzeitig Landschaft konstruieren und Teil von ihr sind." (Seggern 2008, 20) „Eine Landschaft sehen heisst die Schönheit dessen zu erkennen, mit dem wir untrennbar verbunden sind und das wir nicht kontrollieren können." (Stollmann und Bartoli 2010, 88) Lange Zeit galt das Land kirchlich dagegen als die überschaubare Insel der Seligen, Ort des Brauchtums, des Priesternachwuchses, der unkritischen Katholikinnen und Katholiken. Zugleich haftete dem Land etwas Rückständiges an und manche Diözese legte keinen Wert auf ihre ländliche Prägung, sondern stellte das Engagement in der City-Pastoral als innovatives Element heraus. Unter anderen auch Initiativen aus den sogenannten neuen Bundesländern schärften den Blick für die Potentiale der Kirchen, christlicher Kultur und Geschichte in ländlichen Gebieten.

Immer mehr Menschen suchen nach geistiger Orientierung, innerer Einkehr und nach Wegen zum eigenen Ich. Andere sehnen sich danach, zeitlich begrenzt aus den Alltagszwängen auszubrechen und in eine andere Welt einzutauchen. Dabei können Kirchen und Dome, Klöster und Wege helfen, Geistiges unmittelbar erlebbar zu machen. Die Motive für religiös orientierte Reisen sind vielfältig. (Ministerium für Wirtschaft und Arbeit Sachsen-Anhalt 2006, 7)

Diese Feststellungen traf der damalige Minister für Wirtschaft und Arbeit des Landes Sachsen-Anhalt, Rainer Haseloff, anlässlich des Kongresses *Heilige Orte, sakrale Räume, Pilgerwege. Möglichkeiten und Grenzen des Spirituellen Tourismus* im Jahr 2006. Die Politik hat damit Landschaft in den Blick genommen. Es lohnt sich für Kirche aber auch, sich von der Landschaftsarchitektur selbst inspirieren zu lassen und Kooperationen mit AkteurInnen in der Regionalentwicklung einzugehen. Der Landschaftsarchitekt Schöbel-Rutschmann sieht es als Aufgabe einer zeitgemäßen Landschaftsarchitektur an, sie an eine demokratische und wandlungsfähige Gesellschaft anzupassen und die damit verbundene Komplexität zu akzeptieren. „Öffentliche Landschaft bedarf offener Räume, gastlicher Orte, durchlässiger Strukturen, zentraler Konzentrationen, Orten und Zeiten der freien Zusammenkunft." (Schöbel-Rutschmann 2008, 17) Kirche kann sich diesem Landschaftsbegriff anschließen und sich der Frage stellen, von welchem Ort aus und wie sie komplexe Landschaften unter den Aspekten der Unvorhersehbarkeit, Prozessualität, Relationalität mitgestalten will und wie sie von ihnen gestaltet wird. Dabei geht es nicht darum, Komplexität zu reduzieren oder zu beherrschen, sondern zusammen mit den Menschen vor Ort mit komplexen Landschaften entwerfend umzugehen, Kirche als Landschaft im komplexen Sinne zu entwerfen. Die Soziologin Maren Lehmann empfiehlt den Kirchen für diese Prozesse trocken, „wenn Leute fehlen, einfach unter Leute gehen" (Lehmann 2018, 58). Diese „Leute" engagieren sich europaweit für den Erhalt und die Nutzung von Kirchen, weit über den Kreis der Kirchenmitglieder hinaus. Der europäische Verbund der Kirchenfördervereine zieht das Fazit:

> Die Menschen Europas wünschen sich zudem, dass diese Häuser für beides bewahrt werden, für den Gottesdienst und darüber hinaus auch für Ereignisse, die das Gemeinschaftsleben befördern, also zur sozialen Integration der weltlichen Gemeinden beitragen. Sie wollen keine leeren Kirchenhüllen und schon gar nicht Kirchenabrisse. (Förderkreis Alte Kirchen Berlin-Brandenburg e.V. 2015)

Kirchengebäude ziehen sich wie ein Netz über europäische Landschaften und überspannen damit meist gut sichtbar städtische und ländliche Räume.

„Nur unsere Dorfkirchen stellen sich uns vielfach als die Träger unserer ganzen Geschichte dar, [...] und die Berührung der Jahrhunderte untereinander zur Erscheinung bringend, [...] besitzen und äußern sie den Zauber historischer Kontinuität." Mit diesem Zitat von Theodor Fontane aus *Vor dem Sturm* hat der kirchlich unabhängige Förderkreis Alte Kirchen Berlin-Brandenburg e.V. (FAK) seine Aufgabe überschrieben. „633 Mitglieder [...] setzen sich dafür ein, dass die sprichwörtliche Kirche im Dorf [...] das Ortsbild [prägt, ...] und [...] mit ihrem Turm oft als weithin sichtbares Wegzeichen [dient]." (Förderkreis Alte Kirchen Berlin-Brandenburg e.V. 2020)

Der Künstler Marc Rothko verband mit ‚seiner' Kapelle in Houston, Texas die Vorstellung: „Es wäre gut, wenn überall im Lande Orte eingerichtet werden könnten, ähnlich wie kleine Kapellen, in denen ein Reisender oder ein Wanderer eine Zeit lang über ein einziges in einem Raum hängendes Bild meditieren könnte."[1] Die von ihm geplante und ausgestaltete Kapelle bietet überkonfessionell einen Ort zur Kontemplation. „Die Seele ausdehnen" – mit dieser Formel charakterisierte Dominique de Ménil, die Mäzenin Rothkos, die ökumenische Funktion der Kapelle. Die BesucherInnen sind frei zu entdecken, ihre eigenen Erfahrungen zu machen – auch die Erfahrung des gemeinschaftlichen Protests, der gemeinschaftlichen Feier und Erinnerung. Sie müssen nicht gläubig sein, nicht einer Religionsgemeinschaft zugehörig. Die Religionen setzen sich in

---

[1] „It would be good if little places could be set up all over the country, like a little chapel where the traveler, or wanderer could come for an hour to meditate on a single painting hung in a small room, and by itself." Mark Rothko in einem Interview mit Ethel Schwabacher, 30.5.1954, zitiert nach Breslin 1993, 375.

Rothkos Kapelle allen Menschen aus, bieten sich an und lassen sich gegenseitig aufeinander ein. Architektur, Kunst und Religion zeigen keine Berührungsängste. In völlig anderen Dimensionen ist im oberösterreichischen Nonsbach ein Andachtsraum als Gemeinschaftswerk von vier Familien entstanden. Und doch lässt sich aus beiden Räumen Entscheidendes ablesen für den Beitrag der Kirchen für ländliche Regionen: Ob Bestand oder Neubau, geografischer und sozialer Raum spielen eine notwendige Rolle. Auch und gerade in der Weite ländlicher Räume besteht die Möglichkeit, den Bedürfnissen der Ansässigen wie der Vorbeiziehenden entgegenzukommen. Immer wieder begeistern Eigeninitiative und Eigenwilligkeit der Menschen in ländlichen Räumen. Hier leben Menschen, die das Gasthaus[2] oder den Laden[3] im Ort wiederbeleben, den Hof zum Haus für Senioren[4] ausbauen oder zum Am-Viehtheater[5], oder einen Konzertsaal in den Untergrund des Dorfplatzes bauen. Es sind Menschen, die sich dafür zusammentun und das einsetzen, was sie haben, vom Boden über Maschinen bis zu ihrem Know How. Wenn nicht wir, wer dann, habe ich als handfestes Motto erlebt. Menschen auf dem Land gestalten und sind so eigenwillig und eigeninitiativ Kirche Jesu Christi – Kirche auf dem für sie existentiellen Territorium.

Ein eindrucksvolles Beispiel für Kirche inmitten des regionalen Lebens ist die Initiative *Hilfe von Haus zu Haus*. Engagierte Landfrauen in der Erzdiözese Freiburg haben diese Nachbarschaftshilfe 2003 als Verein auf der Halbinsel Höri am Bodensee gegründet.

> Wir organisieren Alltags-Hilfe: Das Engagement von zwischenzeitlich über 90 Helfer/innen gilt der Betreuung von kranken oder betagten Menschen und ihren Angehörigen sowie der Unterstützung von Familien mit kleinen Kindern. Wir verstehen uns als offene Begegnungsstätte für Jung und Alt und helfen unbürokratisch und schnell, unabhängig von Religion und Nationalität. [...] Der Verein hat zudem Arbeitsmöglichkeiten vor allem für Frauen im Dorf geschaffen.[6]

Menschen verbinden und Lebensqualität im Dorf schaffen – das Motto des Vereins könnte das Leitbild eines kirchlichen Beitrags sein. Von der Initiative lässt

---

2 Beispiel eines wiederbelebten Dorfgasthauses *D'Weiberwirtschaft* unter https://www.dweiberwirtschaft.de/ (26.07.2020).
3 Netzwerk von Dorfläden in Deutschland unter http://dorfladen-netzwerk.de/dorflaeden-in-deutschland/ (26.07.2020).
4 Beispiel einer Betreuungseinrichtung im ländlichen Raum: www.schulhauser-hof.de (26.10.2020).
5 Hotel und Kulturort im ländlichen Raum: http://amvieh-theater.de/ (27.10.2020).
6 Beispiel caritativen Engagements im ländlichen Raum: https://hilfevonhauszuhaus.de/ (30.08.2020).

sich praktische Theologie im wörtlichsten Sinn lernen. Die Initiatorin der Nachbarschaftshilfe Höri, Maria Hensler schreibt:

> Jeder Christ ist im gemeinsamen Priestertum aller Gläubigen berufen, Kirche im Sinne des Evangeliums mitzugestalten. Es gilt Strukturen zu schaffen, in denen Viele mitarbeiten und ihre Charismen einbringen können. Die Nachbarschaftshilfe schafft Formen von Begegnungen im Glauben, die der Vielfalt von Menschen und Lebensentwürfen gerecht werden. Es entstehen neue Ideen zum gemeinsamen Miteinander. Das ist lebendige Seelsorge, eine zentrale Botschaft des Evangeliums. (Hensler 2015, 28)

Das Land überzieht nicht nur ein Netz aus Kirchen, sondern auch aus alten und neuen Pilgerwegen. Im Jahr 2000 wurde der Pilgerweg *via nova* entwickelt.[7] Der Europäische Pilgerweg trägt den Untertitel „Wegweisung für das 21. Jahrhundert". Die Wegweisung ist in zwölf Grundsätzen formuliert und will „die Sehnsüchte des Menschen der heutigen Zeit"[8] aufgreifen. Auch die Gemeindereferentinnen in Wormbach in der Erzdiözese Paderborn verstehen ihre Arbeit als christliche Wegbegleitung. Traditionelle Feste wie das Walburgafest gehören für sie ebenso zu dieser Aufgabe wie Firmvorbereitung und Sterbebegleitung bis hin zur Beerdigung. Gottesdienste werden an Alltagsplätzen und Arbeitsorten wie z. B. einer Autowerkstatt gefeiert. Eine Kapelle, die erst durch die verheerenden Waldschäden des Sturmtiefs Kyrill wieder sichtbar wurde, ist Anziehungspunkt für Einheimische wie TouristInnen, um Mondscheingottesdienste und das Schutzengelfest zu feiern. Ein weiteres Erfolgsprojekt ist die Lichter- und Zuspruchskirche in Gleidorf. Licht, Musik und Text lassen sich je nach persönlicher Stimmung auswählen.[9]

4 Fazit

Räume befinden sich in permanenter Veränderung und werden als komplexes Geschehen aus unterschiedlicher Perspektive vielfältig erlebt. Landschaftlicher Blick entsteht in Bewegung. Menschen mit diesem landschaftlichen Blick können Kirchen lehren, die aktuellen Lebenssituationen und Raumherausforderungen

---

[7] http://www.pilgerweg-vianova.eu/web/de_idee.html (30.08.2020).
[8] 1. Den Sinn des Daseins finden; 2. Frieden und Gerechtigkeit; 3. Bewahrung der Schöpfung; 4. Mäßigung; 5. Lösung aus der Erstarrung und aus selbstgesetzten Zwängen; 6. Gleichwertigkeit von Mann und Frau; 7. Entschleunigung; 8. Ganzheitliche Bildung; 9. Der Gott im Himmel ist heute vielen zu weit weg; 10. Vorrang allem Lebendigen; 11. Nachhaltigkeit; 12. Prinzip Hoffnung, nachzulesen unter: http://www.pilgerweg-vianova.eu/web/de_warum-pilgern.html (30.08.2020).
[9] Download des Flyers unter: https://www.pv-se.de/media/flyer_lichterkirche_1.pdf (29.07.2020).

aus unterschiedlicher Warte wahrzunehmen und die Botschaft Jesu Christi mit diesen handelnd in Beziehung zu setzen. Stadt und Land sind dabei keine Kategorien, die scharf voneinander zu trennen sind und an denen Pastoral, also die Beziehung von Kirche und Welt, auszurichten ist. Die Forschungen des Frankfurter Zukunftsinstituts skizzieren unter dem Stichwort Urbanisierung folgende Megatrends und vor allem neue Lebens- und Denkweisen. (Zukunftsinstitut 2020) An ihnen entlang werden sich die Kirchen neu erfinden müssen – nicht für die Ewigkeit, sondern immer und immer wieder, um ihrem Auftrag treu zu bleiben, Resonanzraum zu sein für alles Menschliche. Neben, zwischen und in innovativen und kreativen Global Cities entstehen progressive Provinzen. Parallel zur fortschreitenden Urbanisierung erleben laut Zukunftsinstitut Dörfer und ländliche Regionen eine Renaissance bzw. Revitalisierung durch die Initiative lokaler VisionärInnen, die mit neuen Formaten Transitionen ermöglichen. Als Mischform könnten sich Rural Cities bilden, die die Landlust vieler StädterInnen aufgreifen und die als naturnahe, beschauliche, stressfreie Lebensräume wachsen, kleinräumige, dörfliche Strukturen innerhalb von Städten. BürgerInnen und PlanerInnen schaffen hybride Orte durch Urban Gardening, gemeinschaftlich genutzte Grünflächen und Nachbarschaftsinitiativen. Lokale Pfarreien, Schulen, Nachbarschaften, Initiativen bauen im direkten wie übertragenen Sinne an belebten Inseln gemeinsamer Identität. Wie findet Kirche als offene Community Ausdruck in Coliving-Formen, wie entfaltet sie im Zusammenspiel mit den Gebäuden und Räumen ihre Potentiale für eine Healing Architecture, die emotionale Qualität von Kirchenräumen gegen Hektik, Stress und ungesunde Umwelteinflüsse? Wo setzen Kirchen mit ihren Liegenschaften ökologisch und sozial nachhaltige Akzente, denken und planen in Kreisläufen, beteiligen sich an Lösungen gegen Flächenverbrauch und Bodenversiegelung und reagieren z. B. mit Micro Housing und Third Places als Homebases für mobiles Arbeiten und Kommunizieren für moderne NomadInnen?[10] Kirche sollte überlegen, wie sie sich in die Trends einklinken kann und wie sie selbst Lernwerkstätten, kontemplative Orte und Coworking-Spaces zur Verfügung stellt, um KomplizInnen anzusprechen und Netzwerke zu befördern, in denen soziale und ökologische Nachhaltigkeit gestärkt werden und sich die Seele ausdehnen kann.[11]

---

10 Vgl. Zukunftsinstitut Frankfurt, Urbanisierung. Download unter: https://www.zukunftsinstitut.de/artikel/mtglossar/urbanisierung-glossar/ (20.07.2020).
11 Vgl. http://www.rothkochapel.org/ (29.6.2020).

Literaturverzeichnis

Bätzing, Werner. 2003. „‚Alpenkultur' – ein zentrales politisches Thema im Rahmen der Alpenkonvention." In *Welt der Alpen – Gebirge der Welt. Ressourcen, Akteure, Perspektiven*, hg. v. François Jeanneret u. a. Bern/Stuttgart/Wien: Paul Haupt.
Bätzing, Werner und Evelyn Hanzig-Bätzing. 2005. *Entgrenzte Welten. Die Verdrängung des Menschen durch Globalisierung von Fortschritt und Freiheit*. Zürich: Rotpunktverlag.
Bonhoeffer, Dietrich. 1985^3. *Widerstand und Ergebung. Briefe und Aufzeichnungen aus der Haft*, hg. von Eberhard Bethge. Neuausgabe München: Kaiser.
Breslin, James E. 1993. *Mark Rothko. A Biography*. Chicago: University of Chicago Press.
Drobinski, Matthias. 2020. „Das System des Vertuschens ist immer noch stark." *Süddeutsche Zeitung* v. 12.11.2020. Download unter: https://www.sueddeutsche.de/panorama/katholische-kirche-missbrauch-bistum-aachen-1.5113221 (30.11.2020).
Förderkreis Alte Kirchen Berlin-Brandenburg e.V. 2015. *Erste europaweite Befragung zur Bedeutung der sakralen Bauten für das kulturelle Selbstverständnis der Menschen in Europa im 21. Jahrhundert*. Download unter: https://www.altekirchen.de/aktuelles/dokumente (28.08.2020).
Förderkreis Alte Kirchen Berlin-Brandenburg e.V. 2020. *Wir über uns*. Download unter: https://www.altekirchen.de/ueber-uns. (28.08.2020)
Henkel, Gerhard. 1995. *Der ländliche Raum*. Stuttgart: Borntraeger.
Hensler, Maria. 2015. „‚Hilfe von Haus zu Haus' – Lebendige Seelsorge und Diakonie im Ländlichen Raum." In *Pastoral in ländlichen Räumen*, hg. v. Erzbischöfliches Seelsorgeamt Freiburg.
Kasper, Walter. 1987. *Theologie und Kirche*. Mainz: Matthias Grünewald.
Lehmann, Maren. 2018. *Zwei oder drei. Kirche zwischen Organisation und Netzwerk*. Leipzig: Evangelische Verlagsanstalt.
Lefebvre, Henri. 1974. „Die Produktion des Raums." In *Raumtheorie. Grundlagentexte aus Philosophie und Kulturwissenschaften*, hg. v. Jörg Dünne und Stephan Günzel, 330–340. 2006. Frankfurt am Main: Suhrkamp.
Ministerium für Wirtschaft und Arbeit Sachsen-Anhalt. 2006. „Heilige Orte, sakrale Räume, Pilgerwege. Möglichkeiten und Grenzen des Spirituellen Tourismus." In *Tourismus Studien 24*. Bensberger Protokolle 102, Magdeburg/Lutherstadt Wittenberg. Download unter: https://tma-bensberg.de/wp-content/uploads/2015/10/430_bepr_102.pdf (02.08.2020).
Prominski, Martin. 2004. *Landschaft entwerfen. Zur Theorie aktueller Landschaftsarchitektur*. Berlin: Reimer.
Rahner, Karl und Herbert Vorgrimler, Hg. 1991^{23}. *Kleines Konzilskompendium*. Freiburg im Breisgau: Herder.
Schöbel-Rutschmann, Sören. 2008. „Landschaftsurbanismus." In *Multiple City*, hg. v. Winfried Nerdinger u. a., 14–18. Berlin: Jovis.
Schultz, Henrik. 2014. *Landschaften auf den Grund gehen. Wandern als Erkenntnismethode beim großräumigen Landschaftsentwerfen*. Berlin: Jovis.
Seggern, Hille von u. a. 2008. *Creating Knowledge. Innovationsstrategien im Entwerfen urbaner Landschaften*. Berlin: Jovis.

Stollmann, Jörg und Sandra Bartoli. 2010. „Was zeichnet einen ‚landschaftlichen Blick' aus?" In *Blicklandschaften. Landschaften in Bewegung*, hg. v. Christophe Girot und Sabine Wolf. Zürich: gta.

Vonderach, Gerhard. 2004. *Land-Leben gestern und heute. Studien zum sozialen Wandel ländlicher Arbeits- und Lebenswelten*. Sozialforschung. Arbeit und Sozialpolitik, Bd. 10. Münster: Shaker.

Zukunftsinstitut Frankfurt. 2020. *Urbanisierung*. Download unter: https://www.zukunftsinstitut.de/artikel/mtglossar/urbanisierung-glossar/ (20.07.2020).

Tobias Faix
Das Wunder von Moabit
Eine kirchentheoretische Reflexion anhand einer kirchlichen Neubelebung

Keine Frage, wir leben in einer Zeit, die von großen gesellschaftlichen Transformationsprozessen wie der Pluralisierung der Glaubens- und Lebenswelten oder dem globalen und digitalen Wandel geprägt ist.[1] Diese hinterlassen tiefe Spuren in den beiden großen Kirchen und führen in eine Subtraktionsgeschichte von dramatischen Mitgliederrückgängen, finanziellen Nothaushalten und zunehmend leeren Kirchen. (Faix und Riegel 2020), Aber es gibt auch die anderen Geschichten, die nicht so oft erzählt werden und die doch eine hoffnungsvolle Kraft entfalten. Das Narrativ solch einer kirchlichen Neubelebung soll hier nachgezeichnet und kirchentheoretisch reflektiert[2] werden.

In den letzten 25 Jahren wurden über 1100 evangelische und katholische Kirchen geschlossen – Tendenz steigend. (Kirche und Leben 2018) Wo einst Gottesdienste gefeiert wurden, sind nun Museen, Kindergärten, Restaurants, Zahnarztpraxen oder gar eine Bankfiliale. Doch in einer dieser einst geschlossenen Kirchen werden jetzt wieder Gottesdienste gefeiert. Wie dies geschehen ist, soll in diesem Beitrag dargestellt werden.

1 Die Geschichte einer kirchlichen Auferstehung

„Ich hatte schon immer den Traum von einer lebendigen Gemeinde in einer alten Kirche"[3] sagt Steve Rauhut, einer der Initiatoren und Gründer der REFO. Rauhut hörte 2009 von der Reformationskirche in Berlin Moabit, einer seit Jahren leer-

---

[1] Die großen Linien dieser Transformationen können hier nicht dargestellt werden, der Autor folgt hier Charles Taylor; vgl. Faix 2019a.
[2] Der Begriff Kirchentheorie wurde hier bewusst gewählt, weil er die Entwicklung und die wandelnden Sozialformen von Kirche besonders in den Blick nimmt und interdisziplinär reflektiert; vgl. Grethlein 2018, Hermelink 2017.
[3] Dieses und alle weiteren Zitate von Steve Rauhut stammen aus dem Interview vom 19. Januar 2019, Faix 2019. Einen YouTube Beitrag gibt es hier: https://www.youtube.com/watch?v=sJZ13ZFGuK4&t=46s, abgerufen am 20. Februar 2021.

https://doi.org/10.1515/9783110774689-004

stehenden Kirche.[4] Eine Kirche mit ganz besonderer Geschichte: Einst setzte sich hier Günther Dehn als Pfarrer und religiöser Sozialist für die Menschen im Kiez und für mehr soziale Gerechtigkeit ein und Dietrich Bonhoeffer zog es deswegen immer wieder in seine Gottesdienste. Zusammen mit Freundinnen und Freunden hat sich Steve Rauhut auf den Weg gemacht, um für einen symbolischen Euro die leerstehende Kirche und das umliegende Gelände mit mehreren Gebäuden zu übernehmen. Die Mitte bildet der REFO-Konvent, eine Lebensgemeinschaft, deren Ziele Steve Rauhut folgendermaßen zusammenfasst: „Gemeinschaft leben, einen Begegnungsort schaffen, auf dem sich unterschiedlichste Menschen aus dem Kiez zu Hause fühlen. Auf diese Weise wollen wir Gemeinde gründen und uns in der Kraft der Liebe Gottes dafür einsetzen, dass unsere Gesellschaft sozial-ökologisch gerechter wird – das ist unsere gelebte Vision." Diese Vision begann klein und mit der schlichten Frage: „Was wünschen Sie sich hier in Moabit?" Diese so schlichte Frage schien dem Gründerteam entscheidend, denn nach ihrer Wahrnehmung haben sich die kirchliche und gesellschaftliche Wirklichkeit immer mehr voneinander getrennt. (Grethlein 2018, 205) Diese Frage war eingebettet in eine sozialräumliche Kontextanalyse.

2 Kontextanalyse als Teil der sozialräumlichen Konzeptentwicklung

Diese Kontextanalyse war ein Pflichtteil des berufsbegleitenden Masterstudiengangs Transformationsstudien an der CVJM-Hochschule Kassel (https://www.transformationsstudien.de), den Rauhut studierte, um fachlich und praktisch bei der Neubelebung begleitet zu werden.[5] So starteten er und das Gründungsteam ganz praktisch und befragten die Menschen im Kiez, was sie sich von einer Kirche wünschen. Denn von den ersten Überlegungen an hat sich die REFO als transformatorische Gemeinde des Stadtteils gesehen, und ein zentraler Punkt war und ist dabei die Gemeinwesenarbeit und die Vernetzung im Stadtteil Moabit. Diese Gemeinwesenarbeit findet nicht für sich selbst statt, sondern immer in der Kooperation mit der Bevölkerung und deren Gruppen wie auch mit Behörden,

---

[4] Bonhoeffer besuchte dort immer wieder die Gottesdienste von Pfarrer Günter Dehn, dem Gründer der Religiösen Sozialisten in Berlin. Seit einer Fusion im Kirchenkreis im Jahr 2004 und einem Brand in der Kirche wurde die Kirche kaum noch benutzt.

[5] Er bilanziert dazu heute: „Wirklich bemerkenswert ist die Verbindung von Theorie und Praxis. Die Theorie anhand des eigenen Projekts zu vertiefen und die Praxis mit Blick auf die Studieninhalte zu reflektieren und weiterzuentwickeln, erwies sich als sehr wertvoll und inspirierend."

Institutionen, Parteien etc. Neben den klassisch diakonischen Feldern wären dies beispielsweise Friedens- und Konfliktarbeit sowie Versöhnungsdienste. (Vgl. Horstmann und Neuhausen 2010) So hat sich die REFO von Anfang an aus einer Milieuverengung herausgelöst und hat sich als Kirche nicht nur für sondern mit Anderen verstanden. Die REFO gestaltet Orts- und Stadtteilentwicklung mit den hier lebenden Menschen, im gemeinsamen Interesse mit und für das Gemeinwesen, zusammen mit anderen Trägern, übernimmt soziale und kulturelle Verantwortung für den Stadtteil und beteiligt sich aktiv an der sozialen Stadtentwicklung. Sie will so den Menschen Teilhabe ermöglichen und aus Betroffenen Engagierte machen. Um die vorhandenen Ressourcen zu nutzen, bedarf es oftmals der Vernetzung mit weiteren Kooperationspartnern vor Ort. Die sozialräumliche Konzeptentwicklung „orientiert sich an den Lebenswelten von Kindern und Jugendlichen, sowie anderer Gruppierungen" (Deinet 2009, 293). „Sozialraum" ist dabei einerseits definiert als sozialgeografisch abgrenzbarer Lebensraum und anderseits als subjektbezogene Lebenswelt, die nicht geografisch abgegrenzt werden kann. Kontextanalyse nimmt die Bedarfe und Anforderungen der Menschen im Sozialraum empirisch auf und aktiviert die Akteurinnen und Akteure in ihrer Lebenswelt, um Teilhabe zu stärken (Deinet 2009, 65). Gerade der Blick auf die Andersartigkeit und Vielfalt unterschiedlicher Lebenswelten stellt dabei ein Hauptanliegen der sozialräumlichen Konzeptentwicklung dar. Um diese aufzunehmen, darzustellen und Begegnungsräume zu schaffen, werden bspw. qualitative Methoden empirischer Sozialforschung eingesetzt, sowie strukturierte Formen der Befragung und der teilnehmenden Beobachtung. (Faix und Reimer 2012, 139–177) Diese gewährleisten den nötigen differenzierten Blick auf Sozialraum und Lebenswelt und erlangen lebensweltliche Deutungen und Interpretationen, um aus den Ergebnissen Ansatzpunkte für Angebote etc. entwickeln zu können.[6] Die ersten Annäherungen an den eigenen Ort beginnen auch immer bei einem selbst. Dazu muss man den persönlichen Blick mithilfe von Begehung, Beobachtung und Befragung schärfen. Dies ist sozusagen die persönliche Vorbereitung auf die Kontextanalyse (vgl. Faix und Reimer 2012 sowie, explizit für den urbanen Kontext, Eiffler 2020; Sommerfeld 2016) mit der eigenen Kirche: 1. Begehung: Wie lange kannst du durch deinen Ort gehen, ohne dass du eine Person triffst, die du kennst? Was inspiriert dich, wenn du durch deine Stadt gehst? Was ärgert dich und regt dich auf? 2. Beobachtung: Wo stehen Gotteshäuser – Kirchen, Gemeindehäuser, Moscheen, Tempel oder auch ganz unauf-

---

[6] Deinet und Krisch stellen bspw. eine Reihe von Methoden in vereinfachter Form vor, um sie für Kinder und Jugendliche nutzbar zu machen, die es ermöglichen, sich der Andersartigkeit respektvoll zu nähern. (Vgl. Deinet 2009, 292)

fällige Gebäude, die religiös genutzt werden? und 3. Befragung: Frage eine ältere Person in deinem Umfeld, wie er oder sie die Entwicklung des Ortes einschätzt und was sich verändert hat. Diese und andere Übungen wurden im Rahmen der Kontextanalyse in Moabit durchgeführt, um so die Lebenswelt der Menschen vor Ort kennenzulernen. Dabei haben sich drei Schwerpunkte herauskristallisiert: 1. Es fehlt an Bildungsangeboten, besonders im Bereich Kita und Grundschule, 2. Es fehlt die Sichtbarmachung – Moabit wurde oftmals als „vergessener Stadtteil" bezeichnet und 3. Es ist zentral, einzelnen Gruppen aus dem Stadtteil eine Stimme zu geben. Und so war es kein Zufall, dass die erste Gruppe aus Moabit in der Kirche eine arabische Mädchen-Theatergruppe war, die zuvor keinen Proberaum hatte und im Freien ihre Theaterproben durchführen musste.

3 Die REFO als Mitmach-Kirche: Vernetzte Beteiligungskirche

So entstanden zuerst einige künstlerische und soziale Projekte, Arbeit mit Geflüchteten, Kinoformate und es folgten auch Formen von Gottesdiensten und Kleingruppen. Gemeinsam mit der Kantorei und dem Jugendtheater gestaltete der REFO-Konvent eine immer größere und vielfältige Community, die auf dem Campus zu Hause war. Von 2016 bis 2017 sanierte der REFO-Konvent die Campus-Gebäude umfassend und baute eine Kita, in der heute 130 Kinder aus dem Kiez ihr Zuhause finden. Heute wohnt ein Großteil des Konvents im Wohnhaus auf dem Gelände; im Projekthaus sind NGOs eingezogen, die Opfern von faschistischer und antisemitischer Gewalt und auch Arbeitssuchenden helfen. Auch eine kleine liberale muslimische Gemeinde ist seit einigen Jahren mit auf dem REFO-Campus zu Hause und Teil der REFO-Community. Zurzeit entstehen das REFO-Café und der Wiclefplatz, weitere Begegnungsorte für die Menschen im Kiez. Bei allem ist das Grundprinzip: Die REFO ist eine Mitmach-Kirche. Deshalb ist sie Teil des Quartiersrates, der Bürgerplattform, der Stadtteilvertretung und vieler anderer Beteiligungsorganisationen. „Uns allen ist es ein großes Herzensanliegen, das Zusammenleben von Menschen hier in unserem Kiez durch Gottes Liebe zu verändern", so Steve Rauhut.

Die Grundlage für diese Dynamik war die Bewusstwerdung unsichtbarer kultureller Hürden und der Versuch, konsequent inkarnatorisch in den Stadtteil einzutauchen. Dabei wurden bewusst klassische konfessionelle Grenzen überwunden und Menschen konnten Teilhabe ohne Kirchenmitgliedschaft oder andere Barrieren erleben, einfach indem sie mitmachten, mitlebten oder mitdiskutierten (belonging before believing). In der REFO-Logik gibt es nicht mehr die

Regel der binären Mitgliedschaft (drinnen und draußen) und Exklusivität wird vermieden. Diese Haltung lässt sich am besten mit einem Zitat des ehemaligen Bischofs zu Aachen Klaus Hemmerle (1929–1994) beschreiben: „Lass mich dich lernen, dein Denken und Sprechen, dein Fragen und Dasein, damit ich daran die Botschaft neu lernen kann, die ich dir zu überliefern habe." (Hemmerle 1983) Auf Basis dieser lebensbejahenden, entwicklungsfördernden und freiheitsunterstützenden Grundhaltung waren die tragfähigen Beziehungen zu sich selbst, den Nächsten und zum Stadtteil möglich. Diese Haltung beinhaltet aber auch Selbstkritik und Lernfähigkeit genauso wie die klare und transparente Mitteilung der eigenen Meinung und die Auseinandersetzung mit anderen Meinungen. Dazu gehört als eine Grundvoraussetzung eine Dialog- und Sprachfähigkeit. Die einfachste Grundlage des Zusammenseins ist das gegenseitige Verständnis in Worten und Taten. Kann ich meine Motivation und meinen Einsatz für die Kirche meinem Nachbarn erklären, ohne dass sie oder er mich kopfschüttelnd anschaut? Jürgen Moltmann schreibt dazu passend: „Dialogwürdig ist doch nur eine Religion, die sich selbst ernst nimmt. Eine Religion, die ihre Einzigartigkeit preisgegeben hat, erweckt kein besonderes Interesse. Was ist der Jude ohne das Schema Israel, was der Muslim ohne Islam, was ein Christ ohne den eindeutigen Heilszuspruch Christi?" (Moltmann 1989, 535) Was macht Religion, Glaube und Kirche überhaupt interessant, wenn man ihnen die Reibungs- und Identifikationspunkte nimmt? Ein authentischer Dialog unter Gesprächspartnerinnen und Gesprächspartnern ist nur möglich, wenn eine gegenseitige Toleranz vorhanden ist. Natürlich muss es eine sachliche Auseinandersetzung mit unterschiedlichen Lehrmeinungen, Weltanschauungen und Religionen geben. Vielmehr muss auf allen Ebenen der Begegnung die Möglichkeit vorhanden sein, in einen Dialog zu treten, ohne sich und seine Wahrheit verleugnen zu müssen. Mission und Dialog sind dabei keine Widersprüche, sondern bedingen sich gegenseitig sogar, wie der Missionswissenschaftler David Bosch überzeugend darlegt (Bosch 2012). Denn die Beziehung zwischen Mission und Dialog ist in erster Linie eine Entscheidung des Herzens und nicht des Verstandes. Es gilt nicht nur, die Existenz von verschiedenen Glaubensrichtungen zähneknirschend zu akzeptieren, sondern sie von Herzen anzuerkennen. Ein „wahrer" Dialog setzt mein eigenes Bekenntnis voraus und bedeutet nicht, dass ich meine eigene Position aufgeben muss. Ohne meine eigene Hingabe an das Evangelium verkommt der Dialog hingegen zum „Geschwätz". Ein Dialog ist nur möglich, wenn wir davon ausgehen, dass nicht wir diejenigen sind, die Gott zu anderen bringen – als diejenigen, die ihn „besitzen". Diese Herzenshaltung ist bei den Menschen der REFO zu spüren, in ihrem Tun, in allen Begegnungen, in den vielfältigen Gesprächen. Eine Erfolgsgeschichte – die jedoch zwischenzeitlich fast gescheitert wäre.

4 Wie alles zu scheitern drohte. Eine Lerngeschichte

Denn Anfang 2014 kam alles zum Stillstand. Das Team war ausgelaugt, Kraft und Geld gingen aus, die zu diesem Zeitpunkt noch nicht geklärte Gebäudefrage wurde zum Problem – eine Lösung war nicht in Sicht. Nach viel Gebet und Reflexion wurde den Mitgliedern der Gemeinschaft aber sehr deutlich, dass Moabit und der REFO-Campus weiterhin der Ort der eigenen Berufung sind. Im Herbst 2014 startete die Gemeinschaft eine Kampagne, um die Kirchenleitung der Evangelischen Kirche Berlin-Brandenburg-schlesische Oberlausitz (EKBO) zu bitten, diesen Begegnungsort zu erhalten und dem Konvent eigenverantwortlich zu übergeben. Alle Beteiligten waren überwältigt, wie viele Menschen aus Kirche, Politik und Kiez sie dabei unterstützten. Generalsuperintendentin und Superintendent, Bezirksbürgermeister, Bundestagsabgeordnete, Quartiersmanagement und das gewählte Bezirksparlament stellten sich hinter die REFO. „Ein echtes Wunder", so Steve Rauhut, „und immer wieder haben wir erlebt, dass Gott unsere eigene kleine Kraft multipliziert und weitere tolle Menschen zu unserer Gemeinschaft dazu stoßen. Unser Leben ist verwundbar und verletzbar, darin liegt auch eine Chance, nicht nur Gefahr." Kirche ist Teil des Lebens, Teil der eigenen Biographie, aber auch Teil der Nachbarschaft, des Stadtteils. Dies heißt auch, Leben miteinander zu teilen, auch wenn es weh tut, dies, so das REFO-Team, bedeutet auch Inkarnation, Teil eines „verwundeten" Stadtteils sein. Dazu gehört ein offener Umgang mit Krisen wie mit Finanzen, Krankheit, Leitungs- oder Familienproblemen. Dafür sollen zwei Begriffe aus dem Fresh-X-Kontext herausgegriffen werden, die dies als eine Haltung in die kirchentheoretische Debatte der Anglikanischen Kirche (vgl. Archbishop's Council 2004) eingebracht haben: a) *Fail Forward* – Den Mut zum Scheitern zu haben, um daraus neu Lernende zu werden. Es geht um eine Haltung, Neues ausprobieren zu dürfen, in der das Scheitern kein Versagen, sondern ein Ausdruck des Neuen ist. Es geht darum, Fehler zu machen, daraus zu lernen und es wieder neu zu probieren. Diese Haltung ist im deutschen Kontext von Kirche eher fremd, da diese eher einer „Anstalt als einem Akteur" (Wegner 2019, 362) gleicht. Eine Anstalt, die damit beschäftigt ist, in einer Zeit der Knappheit die immer geringeren Ressourcen so zu verteilen, dass das bisherige weiterleben kann, verpasst die Chance sich weiterzuentwickeln. So wichtig die Funktion der Verteilung auch ist, es braucht auch die „Akteurin" Kirche, die die Vision der neuen Wege eröffnet und so Kirche zukunftsfähig macht. Dazu braucht es aber Ergänzungen zu der bisherigen Organisationslogik, was uns zu b) bringt: *The gift of not fitting in:* Wenn ein System sich nur selbst erhält (von der Art des Theologiestudiums über das Pfarramt bis hin zur Besetzung der mittleren und höheren Führungsebene), setzt es sich bereits dadurch Grenzen, dass es nur um das bisher Machbare geht. Der katholische Organisationsentwickler Michael Bonert nennt dies die „Fremdheit im eigenen System" (Bonert 2017, 126; ausführlich zur Organisationsentwicklung: Jung 2021). Es braucht Menschen, die aus dem Gewohnten herausbrechen und das Andere denken können (im Gegensatz zu den bestehenden Grundüberzeugungen). Diese Menschen, die Kirche oftmals „stören", sollten bewusst ins System eingebaut werden. Nur durch neue Menschen kann ein bestehendes System gestört und dadurch verändert werden. Der Liturgiewissenschaftler Lehnert hat dies in seiner Übertragung von *ekklesia* als „Bewusstseinsstörung" beschrieben, da Kirche sonst zu einem bürgerlichen Verein verkommen würde. (Lehnert 2013) Die Theologinnen Maria Herrmann und Sandra Bils nehmen diese Gedanken auf und nennen es „Fremdsein und prophetische Ungeduld in der Kirche" (Herrmann und Bils 2017). Um diese Störungen als Kirche zu erleben, braucht es eine Organisationsform, die Menschen mit unterschiedlichem Begabungsprofil zulässt und ihnen auch den Raum zur Entfaltung lässt.

5 Transformationsschulen

Der ehemalige Direktor vom Wuppertal Institut, Uwe Schneidewind, nimmt diese Gedanken auf und fragt, wie die Kunst des gesellschaftlichen Wandels geschehen kann und welche Voraussetzungen dazu nötig sind. Dabei identifiziert und unterscheidet er drei große Denkschulen bzw. Transformationsschulen: (Schneidewind 2018, 44–45)

a) *Die Idealisten:* Sie wollen die Welt verändern und werben und mobilisieren die Massen, die Stärke liegt in der Idee des Neuen zur richtigen Zeit, die sich bahnbricht. Trotzdem stagnieren viele dieser Bewegungen sowohl in politischen und gesellschaftlichen als auch kirchlichen Kontexten, weil zwar die moralisch hochstehenden Prinzipien stimmen, aber es keinen strukturellen Plan der Nachhaltigkeit gibt.

b) *Die Institutionalisten:* Sie sorgen sich um die Struktur und die Routinen, die es braucht, um eine Idee nachhaltig umzusetzen, denn Ideale ändern oft nicht die Routinen des Alltags. Transformationsprozesse müssen aber durch alle Ebenen geschehen. Die Institutionalisten halten die Idealisten oftmals für naiv, weil sie zu sehr auf das Neue schauen und das bisherige System nicht genug im Blick haben. Sie selbst entwickeln aber kaum eigene Entwicklungskraft für Neuerungen.

c) *Die Inventionisten:* Die dritte Gruppe setzt sich von den beiden bisherigen ab und setzt ganz auf den technologischen Fortschritt. Das Wort „Invention" bedeutet „Erfindung" und es geht den Inventionisten um die umfassende institutionelle Weiterentwicklung durch technischen Fortschritt. Dabei wird vor allem gefragt, welche Infrastruktur neue Technologien brauchen, um effektiv und transformativ zu arbeiten und so die Gesellschaft zu verändern.

Schneidewind versucht jetzt in seinem Ansatz, alle drei Transformationsschulen zusammenzubringen, um so durch die gegenseitigen Stärken die jeweiligen Schwächen zu minimieren.

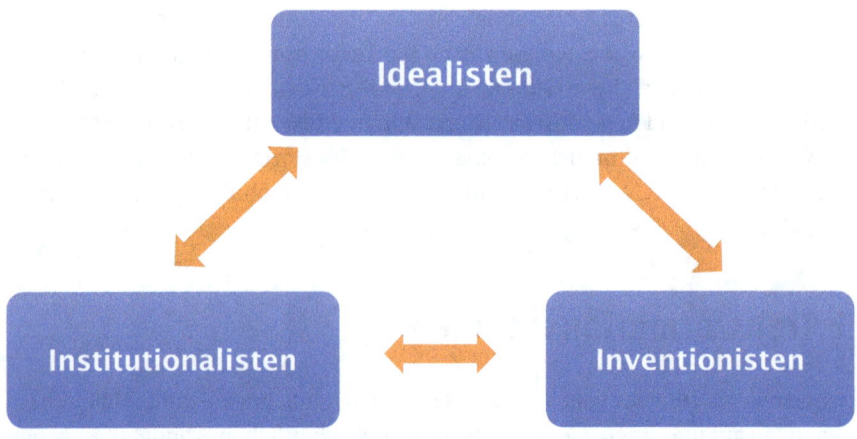

Grafik 1: Transformationsschulen nach Schneidewind

Nehmen wir das für unsere kirchentheoretischen Reflexionen der REFO auf, dann stellen wir fest, wie wichtig ein funktionierendes Team bei der Frage von Innovation und Kirchenentwicklung ist. In der REFO zeigt sich dies strukturell im REFO-Konvent, wo die unterschiedlichen Denk- und Transformationsansätze ihren Raum und ihren Platz haben und miteinander diskutiert werden. Gerade den Institutionalisten ist dabei das strukturelle Gebilde wichtig und so ist die REFO ganz Kirche ohne ganz Kirche zu sein.

6 Struktureller Teil der Kirche bei finanzieller Eigenständigkeit

Der Konvent[7] als Lebens- und Leitungsgemeinschaft steuert die Reformationskirche formal seit dem Jahr 2011. Seit 2015 gibt es einen Erbbaurechtsvertrag von der Evangelischen Kirche Berlin-Brandenburg-schlesische Oberlausitz (EKBO), der die REFO in die Lage versetzt, den Campus eigenverantwortlich zu führen. Gemeinsam mit der REFO Community trägt der Konvent geistliches, kulturelles und gemeinschaftliches Leben in den Kiez hinein. Rund um die Kirche entsteht der sogenannte REFORMATIONS-Campus, dessen Bau finanziell eigenverantwortlich von der REFO gestemmt wird, und auch Betrieb und Leben geschehen ohne kirchliche Finanzmittel. Dennoch ist die REFO ein kleines kirchliches Werk innerhalb der EKBO und bildet EKD-weit ein neues Kirchenmodell ab. Dazu gehört auch, dass im Konvent alle Entscheidungen in einer vom Konvent entwickelten soziokratischen Struktur[8] gemeinschaftlich getroffen werden und es keine Pfarrerin und keinen Pfarrer als Führungspersönlichkeit gibt, sondern die Finanzen nach systemischen und individuellen Erfordernissen verteilt werden. So geht die REFO auf der einen Seite neue Wege, um auf der anderen Seite Teil der verfassten Kirche zu sein und doch aufgrund der hohen Eigenverantwortung auch größtmögliche Freiheiten zu haben. Die REFO ist und bleibt dabei eine Beteiligungskirche, fest im Stadtteil integriert. Vor allem durch die ehrenamtliche Arbeit von vielen trägt sie sich. So stellt Steve Rauhut fest:

> Wir freuen uns, dass Gott immer wieder Mitwirkende zu uns bringt und beten gleichzeitig für weitere Menschen, die mitmachen möchten. Kirche ist für uns der Ort, an dem sich Menschen verbünden, um das, was Gott ihnen aufs Herz gelegt hat, gemeinsam umzusetzen. Wir gestalten unsere Gottesdienste und kulturellen Veranstaltungen und alles Leben auf dem Campus so, dass Teilnehmende selbst aktiv werden können. Wir laden ein, mitzugestalten

---

[7] Eine ausführliche Beschreibung des Konvents: https://www.refo-moabit.de/was-passiert-auf-dem-campus/, abgerufen am 12. März 2021.
[8] Die soziokratischen Grundprinzipien bilden die Grundlage eines langjährigen organischen Strukturentwicklungsprozesses. Die gesamte REFO-Organisation ist in Kreisstrukturen ausgelegt, wobei möglichst viele Themen in einzelnen jeweilig dafür verantwortlichen Kompetenzgruppen entwickelt und entschieden werden. In wöchentlichen Koordinationsteam-Sitzungen werden die Themen mit einander abgestimmt und Vertreterinnen und Vertreter aus den Kompetenzgruppen bringen die Themen in diese wöchentlichen Koordinationsteam (KoRN, offen für alle Menschen aus dem Konvent) Treffen ein. Übergreifende Entscheidungen operativer Art werden hier im Konsent getroffen, strategisch wichtige Themen werden im einmal monatlich stattfindenden Gesamtplenum (Convenire) entschieden (ebenfalls im Konsent).

und sich in unsere basisdemokratischen Prozesse einzubringen, um gemeinsam unseren Kiez und unsere Gesellschaft sozial gerechter zu machen.

Deshalb ist die REFO-Stadtteil-Kirche sogar Teil des Quartiersrates, der Bürgerplattform, der Stadtteilvertretung und vieler anderer Beteiligungsorganisationen in Moabit, um die Stimme der Menschen zu hören und öffentlich Kirche zu sein.

7 REFO als öffentliche Kirche mit einer Öffentlichen Theologie

Die theologischen Grundparadigmen der REFO richten sich dabei nach der in der Öffentlichen Theologie eingeforderten Einmischung und Anwaltschaft für die Marginalisierten im Stadtteil. So setzen sich die Menschen der REFO mit den Zukunftsfragen der Menschen in Moabit auseinander und kämpfen für die Durchsetzung der Menschenrechte sowie für die soziale Gerechtigkeit. Die REFO Community spiegelt dabei die vielfältige Gemeinschaft wider, die aus diesem Einsatz entsteht, wie bspw. der Initiative Grenzenlos/Theater X, dem Reachout/Opra – Opferberatung und Bildung gegen Rechtsextremismus, Rassismus und Antisemitismus oder dem Berliner Arbeitslosenzentrum evangelischer Kirchenkreise e.V. (BALZ). Als ein eigenes kulturelles Kräftefeld übt die REFO in diesem Sinne eine „katalysatorische Funktion" im politischen Prozess der Anwaltschaft zum Schutz der Schwachen und der Überwindung von Gewalt in der Gesellschaft aus. In Deutschland hat der Diskurs rund um die Öffentliche Theologie fünf Grundannahmen: (Bedford-Strohm 2015, 217–228) 1. Die Bilingualität, d. h. sie muss „zweisprachig" argumentieren, einerseits den sachgemäßen Ansprüchen der jeweiligen anderen wissenschaftlichen Disziplinen genügen und andererseits in der biblisch-christlichen Tradition und Argumentation fest verwurzelt sein. 2. Die Verwurzelung in einer christlichen Sozialethik, die auf die gesellschaftlichen Veränderungsprozesse eingeht, sie analysiert und interpretiert. 3. Öffentliche Theologie muss ökumenisch sein und eine globale Dimension haben. 4. Öffentliche Theologie braucht eine ekklesiologische Ausrichtung, die die Kirche stärkt. 5. Das Reden der Öffentlichen Theologie muss kritisch-konstruktiv sein und darf sich nicht vor den Karren von Interessengruppen spannen lassen. Diese fünf Grundannahmen spielen in der REFO zum einen für die inhaltlich-theologische Auseinandersetzung eine zentrale Rolle, zum anderen werden diese durch die Community im Sozialraum erprobt und eingeübt.

8 Lern- und Umlerneffekte: Ein Zwischenfazit

Natürlich kann dieser Beitrag den jahrelangen Gemeindeprozess der REFO nur ansatzweise abbilden und es gibt sicher einiges zu ergänzen und doch wird in den wenigen Beobachtungen deutlich, dass es sich um eine Geschichte der Lern- und Umlernprozesse handelt.[9] Gerade unsere beschleunigten Transformationsprozesse zwingen Kirche zu Umlernprozessen, um nicht den Anschluss an die Menschen zu verlieren. Der tschechische Theologe und Soziologe Tomáš Halík schrieb dazu passend, dass die leeren Kirchen in Zeiten des Gottesdienstverbotes vielleicht eine Art prophetisches Zeichen waren, wie Kirche schon in naher Zukunft aussehen wird, wenn sie sich nicht grundlegend transformiert (Halík 2021). Die REFO ist ein Beispiel dafür, dass dies gelingen kann und dass ein „weiter so" verlassen werden kann. Dies geschieht, so Grethlein, wenn die „Gründe und Kontexte der Veränderungen bzw. der Metamorphose beschrieben und verstanden werden" (Grethlein 2018, 13). Der Beitrag soll mit zehn Thesen der Metamorphose und der Umlernprozesse enden, der anhand der kirchentheoretischen Reflexion die Neugründung der REFO zusammenfasst.

Denn Kirchenneubelebung...

1. ... ist in erster Linie eine Kultur und innere Haltung: Es geht nicht zuerst um die richtigen Methoden oder die „sieben Schritte zur perfekten Neugründung", sondern um eine innere geistliche Haltung des Aufbruchs.
2. ... sieht sich als Teil der missio Dei. Das heißt, dass Gott das handelnde Subjekt ist und wir als Menschen Teil seiner Mission sind. Dies bestimmt und verändert wesentlich die Haltung und nimmt den „Erfolgsdruck" raus.
3. ... ist ein geistlicher Akt, das heißt: Es geht nicht um das menschlich Machbare. Was wir als machbar erachten, setzt uns bereits Grenzen – nämlich unsere eigenen.
4. ... gibt es nur mit Menschen, das heißt: Mit den dort lebenden Menschen das eigene Leben teilen (Stichwort: Wohnort).
5. ... gibt es nur milieuorientiert und kontextualisiert, das heißt: Sich auf das jeweilige Milieu einlassen, es verstehen und dort leben.
6. ... braucht Deutungsvermögen und Entscheidungskompetenz: Die Fähigkeit zu gesellschaftsdiagnostischer Analyse und ethischer Entscheidungskompetenz.
7. ... heißt, Lernende zu sein in der Kommunikation und der Multilingualität.

---

[9] Der transformatorische Bildungsbegriff des Umlernprozesses geht nicht in erster Linie davon aus, dass es ein gewisses Resultat zu erzielen gibt, sondern ist im Zentrum ein Erfahrungsbegriff. Ausführlich: Künkler 2021.

8. … ist heute immer vernetzt und plural, das heißt: Wir brauchen Startups, die die Fähigkeit haben, heterogene Akteurinnen und Akteure im Sozialraum über Organisations-, Institutions- und Milieugrenzen hinaus miteinander zu vernetzen und auf diese Weise die Zusammenarbeit und Vernetzung in Gemeinwesen und Region zu koordinieren.
9. … heißt, dass wir Menschen empowern, neue Formen von Gestaltungsstrukturen zu leben. Dies umfasst die Fähigkeiten zur eigenverantwortlichen und effektiven Moderation von Gruppen, Organisationen und Projekten, die mit heterogenen Akteurinnen und Akteuren besetzt sind.
10. … schätzt die Menschen innerhalb der Gründung, die das bisherige System eher stören, das heißt: Es gibt eine Gabe des *not fitting in*, die neu entdeckt und neu gefördert werden muss. Dazu gehören auch eine „Kultur des Ausprobierens" und der „Mut zum Scheitern".

Literaturverzeichnis

Archbishop's Council on Mission and Public Affairs. 2004. *Mission-shaped Church. Church Planting and Fresh Expressions of Church in a changing context.* London: Church House Publishing.

Bedford-Strohm, Heinrich. 2015. *Öffentliche Theologie in der Zivilgesellschaft.* Leipzig: Evangelische Verlagsanstalt.

Bonert, Michael. 2017. „Die Ressource des Fremden ist der Unterschied." In *Vom Wandern und Wundern: Fremdsein und prophetische Ungeduld in der Kirche*, hg. v. Maria Herrmann und Sandra Bils, 125–140. Würzburg: Echter.

Bosch, David. 2012. *Mission im Wandel: Paradigmenwechsel in der Missionstheologie.* Brunnen Verlag.

Deinet, Ulrich. 2009. *Methodenbuch Sozialraum.* Wiesbaden: VS.

Eiffler, Felix. 2020. *Kirche für die Stadt. Pluriforme urbane Gemeindeentwicklung unter den Bedingungen urbaner Segregation.* Beiträge zu Evangelisation und Gemeindeentwicklung 29, hg. v. Michael Herbst, Jörg Ohlemacher und Johannes Zimmermann. Göttingen: Vandenhoeck & Ruprecht.

Faix, Tobias. 2019. *Das Wunder von Moabit. Die Geschichte einer kirchlichen Auferstehung.* http://tobiasfaix.de/2019/01/das-wunder-von-moabit-die-geschichte-einer-kirchlichen-auferstehung/. Abgerufen am 14.11.2020.

Faix, Tobias. 2019a. „Wie spricht die Kirche zu unserer Welt? Von Charles Taylors ‚Bewohnenden' und ‚Suchenden' und deren Bedeutung für die Kirche." *Ethik und Gesellschaft* 1: 1. Verfügbar unter: http://www.ethik-und-gesellschaft.de/ojs/index.php/eug/article/view/1-2019-art-6. Abgerufen am 18.02.2021.

Faix, Tobias und Johannes Reimer, Hg. 2012. *Die Welt verstehen: Kontextanalyse als Sehhilfe für die Gemeinde.* Marburg: Francke.

Faix, Tobias und Ulrich Riegel. 2020. „Eine Typologie evangelischer Mitgliedschaft. Eine empirische Untersuchung zu Zufriedenheit und Engagement im Kontext von Kirchenaustritts- und Verbleibmotivation." In *Jahrbuch Sozialer Protestantismus 2019,* hg. v. Traugott Jähnichen, Torsten Meireis, Johannes Rehm, Sigrid Reihs, Hans-Richard Reuter und Gerhard Wegner, 40–61. Leipzig: Evangelische Verlagsanstalt.

Grethlein, Christian. 2018. *Kirchentheorie. Kommunikation des Evangeliums im Kontext.* Berlin: de Gruyter Verlag.

Halík, Tomáš. 2021. *Die Zeit der leeren Kirchen. Von der Krise zur Vertiefung des Glaubens.* Freiburg i. Br.: Herder.

Hemmerle, Klaus. 1983. „Was fängt die Jugend mit der Kirche an? Was fängt die Kirche mit der Jugend an?" *Internationale Katholische Zeitschrift* 12: 306–317.

Hermelink, Jan. 2017. „Kirchentheorie." In *Praktische Theologie. Ein Lehrbuch.* Theologische Wissenschaft. Sammelwerk für Studium und Beruf 15, hg. v. Kristian Fechtner, Jan Hermelink, Martina Kumlehn und Ulrike Wagner-Rau, 81–104. Stuttgart: W. Kohlhammer.

Herrmann, Maria und Sandra Bils, Hg. 2017. *Vom Wandern und Wundern: Fremdsein und prophetische Ungeduld in der Kirche.* Würzburg: Echter.

Horstmann, Martin und Elke Neuhausen. 2010. *Mutig mittendrin. Gemeinwesendiakonie in Deutschland. Eine Studie des sozialwissenschaftlichen Instituts der EKD.* Münster: LIT Verlag.

Jung, Stefan. 2021. „Organisationen transformieren? Anmerkungen zum Transformationsbegriff im Kontext von Organisationsentwicklung." In *Handbuch Transformation: Ein Schlüssel zum Wandel von Kirche und Gesellschaft,* hg. v. Tobias Faix und Tobias Künkler. Interdisziplinäre Studien zur Transformation 1, hg. v. Sabrina Müller, Sandra Bils, Tobias Künkler, Thorsten Dietz und Tobias Faix, 337–348. Neukirchen-Vluyn: Neukirchener Verlag.

Kirche und Leben. 2018. „Katholische Kirchen in Deutschland: 538 aufgegeben – 49 neu gebaut." O. V. In *Kirche und Leben.* https://www.kirche-und-leben.de/artikel/katholische-kirchen-in-deutschland-538-aufgegeben-49-neu-gebaut. Abgerufen am 30.11.2020.

Künkler, Tobias. 2021. „Transformatives Lernen. Eine erziehungswissenschaftliche Perspektive." In *Handbuch Transformation: Ein Schlüssel zum Wandel von Kirche und Gesellschaft,* hg. v. Tobias Faix und Tobias Künkler. Interdisziplinäre Studien zur Transformation 1, hg. v. Sabrina Müller, Sandra Bils, Tobias Künkler, Thorsten Dietz und Tobias Faix, 360–385. Neukirchen-Vluyn: Neukirchener Verlag.

Lehnert, Christian. 2013. *Korinthische Brocken: Ein Essay über Paulus.* Berlin: Suhrkamp.

Moltmann, Jürgen. 1989. „Dient die ‚pluralistische Theologie' dem Dialog der Weltreligionen?" *Evangelische Theologie* 49 (6): 528–536.

Schneidewind, Uwe. 2018. *Die Große Transformation: Eine Einführung in die Kunst gesellschaftlichen Wandels.* Frankfurt am Main: Fischer.

Sommerfeld, Harald. 2016. *Mit Gott in der Stadt. Die Schönheit der urbanen Transformation.* Transformationsstudien 8, hg. v. Tobias Faix und Johannes Reimer. Marburg: Francke Verlag.

Wegner, Gerhard. 2019. *Wirksame Kirche. Sozio-theologische Studien.* Leipzig: Evangelische Verlagsanstalt.

Christopher Zarnow
Jenseits von Jedem

Ambiguitätstoleranz als urbane Tugend

> *Hör zu, Bea, was das Wichtigste ist und das Schlimmste,*
> *am schwierigsten zu verstehen und, wenn du's trotzdem*
> *irgendwie schaffst, zugleich das Wertvollste:*
> *dass es keine Eindeutigkeit gibt.*
>
> Anke Stelling, *Schäfchen im Trockenen*

Ich möchte in diesem Aufsatz das Thema einer Theologie der Stadt, das ich schon in mehreren anderen Publikationen umrissen habe (Zarnow 2017, 2018a, 2018b; Zarnow, Klostermeier und Sachau 2018; Rebenstorf et. al. 2018), in ethischer Richtung fortschreiben. Zunächst sind die Ausdrücke *Urbane Theologie* oder *Theologie der Stadt* allerdings selbst erläuterungsbedürftig. Wird hier doch in einer Formel zusammengerückt, was auf den ersten Blick wenig miteinander zu tun zu haben scheint. Hier, auf der einen Seite, die Stadt: mit ihren Häuserzeilen und Straßenschluchten, ihren Plätzen, U-Bahnen und überfüllten Bussen, ihrem Lärm und ihrem Dreck. Und dort, auf der anderen Seite, die Theologie: Da geht es um Gott und letzte Dinge, um die großen Fragen des Lebens, Fragen über den Sinn, den Tod, die Ewigkeit. Sonderbar abgerückt von Raum und Zeit, völlig losgelöst von der Erde scheint sich das Raumschiff der Theologie zu bewegen. Eine Theologie der Stadt – was soll mit dieser Wortverbindung gemeint sein? Inwiefern soll die Stadt ein Thema sein, das theologisch zu denken gibt?

Dass sich andere Disziplinen mit der Stadt beschäftigen, scheint auf den ersten Blick näher zu liegen. Etwa die Ingenieurswissenschaften oder die Architektur: Sie haben es mit der Planung, dem Bau und der Sanierung von Stadtgebieten zu tun, etwa wenn neue Stadtquartiere angelegt werden, wie das gegenwärtig an unterschiedlichen Orten in Berlin passiert, etwa in Blankenburg, Tegel, Adlershof oder in der Siemensstadt. Da werden vorbereitende Untersuchungen durchgeführt, Flächen ausgemessen und Bedarfe ermittelt.[1] Auch Soziolog*innen

---

Anmerkung: *Jenseits von Jedem* ist der Titel eines Musikalbums der Hamburger Band *Blumfeld* aus dem Jahr 2003.

[1] In einer jüngst durchgeführten vergleichenden empirischen Studie wurde die Herausbildung von religiösen Topographien in neuen Stadtquartieren untersucht. Die Publikation des Abschlussberichts (Kanitz, Moos und Zarnow 2020) ist für das kommende Jahr geplant.

beschäftigen sich erwartungsgemäß mit der Stadt – beispielsweise, wenn sie erforschen, wie sich soziale Ungleichheit in unterschiedlichen Vierteln niederschlägt, wie es zu *gated communities* kommt oder wie Effekte der Gentrifizierung Raum greifen.² Aber auch aus psychologischer Sicht stellt die Stadt einen möglichen Forschungsgegenstand dar. So liegen Studien zur Frage vor, wie sich Einsamkeit, Anonymität und urbaner Stress auf die menschliche Psyche auswirken (Adli 2017). Und die Theologie? Hat sie auch eine eigene Stimme in diesem Forschungskonzert? Wie könnte ein theologischer Beitrag zur gegenwärtigen Stadtforschung aussehen?

Um diesen deutlich machen zu können, muss ich mich zunächst selbst korrigieren. Anders, als eben angedeutet, gilt: Theologie ist gerade keine Wissenschaft jenseits von Raum und Zeit. Das Gegenteil ist vielmehr der Fall: Jede konkrete Gestalt von Theologie hat einen geschichtlichen und geographischen Ort. Alle Theologie ist in diesem Sinne *kontextuelle Theologie* – auch wenn sie diesen Kontext mal mehr, mal weniger ausdrücklich reflektiert, also mehr oder weniger *kontextsensibel* sein kann. Diese Kontextgebundenheit aller Theologie gilt dabei sowohl für den Standpunkt, von dem aus sie betrieben wird, als auch für den Adressat*innenkreis, an den sie sich richtet. Es macht eben ein Unterschied, ob Jesus als Sozialrevolutionär in den Befreiungstheologien Lateinamerikas oder als leidender Schmerzensmann in den Passionsspielen in Oberammergau in Szene gesetzt wird. Insofern gibt es Theologie auch nur im Plural – als eine Vielfalt von kontextabhängigen theologischen Ansätzen, Programmen und Interpretationen.³

Im Sinne einer ausdrücklich kontextsensiblen Theologie sind nun auch die Schlagworte einer *Theologie der Stadt* bzw. der *urbanen Theologie* zu verstehen. Eine solche Theologie der Stadt hat es vielleicht nicht mit dem Beton und Asphalt zu tun, aus dem die Stadt gemacht ist – wohl aber mit den Menschen, die in diesem Beton leben und sich auf diesem Asphalt bewegen. Die grundlegende Annahme lautet, dass die Orte, an denen Menschen leben, etwas ‚mit ihnen machen' – mit der Art, wie sie sich bewegen, wie sie sprechen, wie sie sich selbst und ihre Welt verstehen, damit aber auch: wie sie glauben, hoffen und beten.⁴

---

2 Einen Überblick über Referenztheorien, konzeptionelle Begriffe und Themenfelder der aktuellen Debatte vermittelt Eckardt 2012.
3 In Bezug auf den geschichtlichen Ort und die historische Lage wird dieser Sachverhalt auch programmatisch in der Theologie des Neuprotestantismus reflektiert. Das gilt allerdings weit weniger für die geographisch-lokale Situiertheit der theologischen Aufgabe.
4 Diese These liegt der neueren Darmstädter Schule der Stadtsoziologie und ihrem „Eigenlogik-Ansatz" zugrunde (Berking und Löw 2005; Löw 2012). In konstruktiver Weise knüpft die katho-

Kontextsensibel als Theologin, als Theologe in der Großstadt zu arbeiten, bedeutet in praktischer Hinsicht, sich auf die Großstadt als Erfahrungsraum spätmodernen Lebens einzulassen, sich von diesem Erfahrungsraum inspirieren, irritieren und provozieren zu lassen. Die Ausgangsüberlegung für die nachfolgenden Überlegungen ist dabei, dass dieser Erfahrungsraum materialiter durch in sich vielfältige Phänomene der Differenz und Ambivalenz geprägt ist.[5] Einige dieser Phänomene möchte ich im ersten Teil meiner Überlegungen näher beleuchten. Im zweiten Teil werde ich dann versuchen, den so näher bestimmten Erfahrungsraum der Großstadt mithilfe von drei unterschiedlichen Scheinwerfern theologisch zu perspektivieren.

1 Die Großstadt als Erfahrungsraum – phänomenologische Annäherungen

Die Stadt ist ein Ort von Differenzerfahrungen. Sie produziert Differenzen und Ambivalenzen auf vielfältige Art und Weise. Sie ist ein Ort, an dem Fremde sich auf engstem Raum begegnen (1.1); ein Ort der sozialräumlichen Segregation (1.2); ein Ort der Vielfalt und Mehrdeutigkeiten (1.3).

1.1 Die Stadt als Ort, an dem Fremde leben

Die Stadt ist ein „Ort, an dem Fremde leben" – so die bündige Formel des Stadtsoziologen Walter Siebel (Siebel 2015, 285). Menschen, die sich nicht kennen, kommen auf engstem Raum zusammen – in der U-Bahn, auf öffentlichen Plätzen, bei Konzertveranstaltungen oder in Shopping Centern.[6] Wie halten Mensch das aus, ständig von Fremden umgeben zu sein? Das fragte sich bereits der Soziologe und Philosoph Georg Simmel, der vor über 100 Jahren in Berlin lebte. Berlin zählte damals schon über 2 Millionen Einwohner*innen. Simmel meinte, dass das Leben in der Großstadt mit seinem hohen Tempo, seiner Reizdichte und der Ge-

---

lische Theologin Martina Bär in ihrer jüngst erschienenen Habilitationsschrift an diesen Ansatz an (Bär 2020); vgl. auch Eiffler 2020.

5 *Differenz* und *Ambivalenz* gelten nun freilich als charakterisierende Merkmale der modernen Gesellschaft überhaupt. Insofern bietet eine *Theologie der Stadt* nicht mehr und nicht weniger als eine Konkretion des neuprotestantischen Grundthemas einer Verhältnisbestimmung von (christlicher) Religion und Moderne.

6 Auf den Pandemie-bedingten Ausnahmezustand, der das öffentliche Leben des letzten Jahres prägte bzw. lahmlegte, nehme ich an dieser Stelle ausdrücklich keinen Bezug.

schwindigkeit von Reizwechseln psychisch überhaupt nur verarbeitet werden kann, indem sich auf Seiten des Individuums ein komplexer Verarbeitungs-, Schutz- und Abwehrmechanismus ausbildet.[7] Wer sich allem, was ihm oder ihr an Eindrücken in der Großstadt begegnet, mit der situativ angemessenen emotionalen Betroffenheit stellen würde, würde nervlich kollabieren.[8] Daher neigen Großstädter nach Simmel dazu, sich abzuschotten und ihre Umgebung intellektuell wie auch sozial auf Abstand zu halten. Bester Beleg für Simmels These aus der heutigen Zeit wären die allpräsenten Kopfhörer im Ohr: Die Welt draußen wird gedämpft, die Innenwelt verstärkt. Großstadtmenschen bauen gleichsam unsichtbare Blasen um sich herum. Dieser „Blasiertheit", die das Innenleben schützt, entspricht im sozialen Verhalten gegenüber anderen eine Haltung der Distanz und Reserviertheit. Für Menschen zu Simmels Zeiten war das, was wir heute tagtäglich in der U-Bahn erleben, noch ein echtes Phänomen: dass eine Menge von Menschen dicht gedrängt beieinandersteht und nicht – bzw. nur nach einem hochgradig durchnormierten Verhaltenscodex – miteinander kommuniziert.

Bemerkenswert ist allerdings, dass Simmel bereits die positiven Aspekte der Erscheinung in den Vordergrund stellt: Denn gerade in der Unpersönlichkeit und Reserviertheit des Großstädters gegenüber seinen Mitmenschen erkennt er eine wesentliche Voraussetzung für die gesellschaftliche Integration. „Die Großstadt schafft [...] einen sozialen Raum für akzeptierte Differenzen, in dem sich Unbekannte und Fremde leichter bewegen und einordnen können als in den geschlossenen sozialen Kreisen des Dorfes." (Häußermann 2011, 18) Man lässt sich gegenseitig gelten, indem man sich auf Abstand hält und gegenseitig in Ruhe lässt.

1.2 Die Stadt als Ort sozialräumlicher Segregation

In seiner Großstadtstudie legt Simmel den Fokus auf das einzelne Individuum und fragt, wie es mit den multiplen Reizen und Reizwechseln der Großstadt fertig

---

[7] Simmel spricht hier sehr plastisch von einem „Präservativ des subjektiven Lebens", mit dem sich die Seele vor den Einflüssen des Großstadtlebens schützt (Simmel 1995, 118). Zur Bedeutung des Textes als Klassiker der Stadtsoziologie vgl. Mieg, Sundsboe und Bieniok 2011.

[8] „Wenn der fortwährenden äußeren Berührung mit unzähligen Menschen so viele innere Reaktionen antworten sollten, wie in der kleinen Stadt, in der man fast jeden Begegnenden kennt und zu jedem ein positives Verhältnis hat, so würde man sich [in der Großstadt, C.Z.] innerlich völlig atomisieren und in eine ganz unausdenkbare seelische Verfassung geraten" (Simmel 1995, 122–123).

wird. Den Mechanismus, den er beschreibt: auf Abstand zu gehen und Distanz zu wahren, gibt es aber nicht nur auf individueller Ebene, sondern auch auf Ebene ganzer Gruppen. Stadtsoziolog*innen sprechen hier von sozialräumlicher Segregation.[9] Menschen leben nun einmal gern unter Ihresgleichen – das gilt, um zwei Beispiele aus Berlin zu wählen, für die türkisch- bzw. arabischsprachige Community am Kottbusser Tor nicht anders als für die neue grüne Bürgerlichkeit im Prenzlauer Berg. Die Stadt wird so zu einem Ort, der aus vielen kleinen Welten, vielen Mikrokosmen besteht, die mehr oder weniger unabhängig voneinander koexistieren. Bei einer Radtour schräg durch Berlin – sagen wir einmal: von Zehlendorf nach Pankow – begibt man sich so gesehen auf eine Weltreise. Hinter jeder neuen Straßenecke kann sich ein komplett neues Stadtbild eröffnen.[10]

Die Vielfalt der sozialen Welten, aus denen eine Stadt wie Berlin besteht, vermag zu überwältigen und ästhetisch zu faszinieren. Allerdings sind damit zugleich auch handfeste politische und sozialethische Fragen verbunden. Wann kippt die Koexistenz jener Welten um in ein Auseinanderdriften der Stadt in unverbundene Parallelgesellschaften? Wieviel geteilte Überzeugungen und ‚Werte' sind nötig, damit ein Zusammenleben funktioniert? Wie können Arenen des öffentlichen Meinungsaustauschs errichtet und gepflegt werden, zu denen unterschiedliche Individuen und Gruppen auch tatsächlich einen Zugang finden (Meireis 2018)? In deutschen Städten sind die Zäune noch weitestgehend unsichtbar, die den Zugang zu den *gated communities* der Reichen versperren – anders als in den Städten Lateinamerikas. Gleichwohl sind auch unsere Städte nach Arealen differenziert, in denen man sich ‚gewöhnlicherweise' aufhält und anderen, die man ‚gewöhnlicherweise' nicht betritt. Verstärkt wird die Tendenz einer Ent-Mischung des urbanen Raums nach sozialem Status und Einkommensgruppen durch ein kulturelles Phänomen, das der Soziologe Andreas Reckwitz jüngst als *Singularisierung* der Gesellschaft beschrieben hat: In einer immer komplexer werdenden Welt verengt sich der Bereich, für den man sich verantwortlich fühlt, auf Fragen des eigenen Milieuschutzes (Reckwitz 2018).[11]

---

9 Die Geburtsstunde der Segregationsforschung ist auf engste mit dem Programm der Chicagoer Schule und ihrer schillernden Gründungsfigur, Robert Ezra Park, verbunden (Lindner 2007).

10 Noch feiner aufgelöst gilt dies freilich nicht nur für Stadtviertel oder Straßenzüge, sondern sogar für die darin befindlichen einzelnen Wohnungen: Auch diese beherbergen jeweils einen eigenen Mikrokosmos in sich. Vgl. dazu die faszinierenden ethnologischen Detailstudien, die Daniel Miller zu unterschiedlichen Wohnungen einer einzigen Londoner Straße durchgeführt hat (Miller 2010).

11 Reckwitz bevorzugt allerdings den (älteren) Klassen- gegenüber dem Milieubegriff (Reckwitz 2018, 277 ff).

Bei aller Weite, zu der Stadtluft befreit, ist das Leben unter Millionen Anderen nur durch Grenzziehungen möglich. Der urbane Kosmos untergliedert sich auf solche Weise in unterschiedliche und in sich räumlich verschachtelte Areale, Zonen und Subkulturen, wie sie schon von der Chicagoer Schule zum Gegenstand sozialräumlicher Detailstudien gemacht wurden. Praktiken der Duldung von Vielfalt und Andersheit gehen so mit Praktiken ihrer Begrenzung und Eindämmung Hand in Hand.[12]

1.3 Die Stadt als Ort der kulturellen Vielfalt und Mehrdeutigkeit

Städte sind Orte der Vielfalt und feiern das auch – etwa auf dem Berliner Karneval der Kulturen. Menschen unterschiedlichster Herkunft, Nationalität, Sprache und Hautfarbe kommen zusammen und feiern ein gemeinsames Fest. Das hat was von Folklore, ist aber auch ein starkes Symbol des Miteinanders: Seht her, wie unterschiedlich wir sind – und wohnen doch alle in Kreuzberg! Gern wird Vielfalt in solchen und ähnlichen Zusammenhängen positiv mit Begriffen wie „Buntheit" und „kultureller Reichtum" konnotiert. Auf der anderen Seite findet sich am rechten Rand des Spektrums aber auch das Gegenteil. „Multi-Kulti" gilt hier als Schimpfwort und Schmähformel – oder wird rassistisch durch das Konzept eines „Ethnopluralismus" gekontert (Weiß 2018). Kurz: Diversität ist selbst ein hoch umstrittener und umkämpfter Wert.

Auch auf Ebene des Alltagslebens ist die Vielfalt der Großstadt Reichtum und Herausforderung zugleich. Die Stadt inspiriert mit ihren unterschiedlichen Lebensentwürfen und Szenen. In einer Großstadt zu leben, heißt, permanent damit konfrontiert zu sein, dass es auch ganz anders geht, als man es selber macht: dass man anders leben, sich anders kleiden und einrichten, einen anderen Plan für sein Leben entwerfen, einer anderen Szene angehören könnte. Das einzelne Individuum muss damit fertig werden, dass der eigene Lebensentwurf durch die Entwürfe der anderen ständig herausgefordert, hinterfragt und relativiert wird. Von daher gilt die moderne Großstadt seit ihrer Entstehung im Zeitalter der Industrialisierung aus kulturkonservativer Sicht auch als ein Ort der Entfremdung,

---

[12] Die in abgegrenzte Parzellen untergliederte Kleingartenanlage, selbst aufs engste mit der Entstehung der industriellen Großstadt verbunden, ist ein starkes Bild dafür (Baacke, Hildebrand und Pfordte 2014).

des Traditionsabbruchs, der Vereinzelung, der Entwurzelung, Gefährdung und Verunsicherung (Bahrdt 2006).[13]

Wie auch immer Triftigkeit und Reichweite dieser Kritik einzuschätzen sind: Die Vielfalt des großstädtischen Lebens gilt es nicht nur zu feiern, sondern auch zu ertragen. Die Fähigkeit bzw. psychische Ressource, derer es dafür bedarf, definieren Sozialpsycholog*innen als Ambiguitätstoleranz. Der Soziologe und Identitätstheoretiker Lothar Krappmann begreift diese näher als Leistung, „widersprüchliche Rollenbeteiligungen und einander widerstrebende Motivationsstrukturen interpretierend nebeneinander [zu] dulden" (Krappmann 1979, 155). Im Hintergrund steht die Annahme, dass die Komplexität moderner Gesellschaften es mit sich bringt, dass das einzelne Individuum permanent mit spannungsreichen und in sich widersprüchlichen Erwartungen konfrontiert wird, zu denen es sich verhalten muss.[14] Will es diesen Ambivalenzen nicht ausweichen bzw. sie verdrängen – entweder auf Kosten einer Anpassung an die sozialen Realitäten oder zulasten eigener Bedürfnisse[15] –, hat es einen konstruktiv-deutenden Umgang mit ihnen zu finden. Ambiguitätstoleranz bedeutet folglich die Fähigkeit, Widersprüche aushalten zu können, ohne von ihnen zerrissen zu werden, so dass gleichermaßen die eigene Identität gewahrt und die Komplexität der sozialen Realität akzeptiert werden kann.[16]

Krappmann verankert sein Konzept der Ambiguitätstoleranz innerhalb einer Strukturtheorie der modernen Gesellschaft und der von ihr produzierten Rahmenbedingungen für soziale Interaktionen. Unschwer lassen sich seine Überlegungen stadtsoziologisch konkretisieren: Ist es doch gerade die moderne Großstadt als Labor und „Organisationsform der Moderne" (Dangschat 1994, 337), in der die Widersprüche unterschiedlicher Lebensstile und an sie geknüpfter Wert-

---

13 Exemplarisch für die Position der konservativen Großstadtkritik sei verwiesen auf Tönnies 1979; vgl. dazu Zarnow 2018a, 189 ff.
14 Krappmann grenzt sich damit von einer soziologischen Rollentheorie ab, die soziale Rollen als konsistente Erwartungsbündel begreift. Bereits innerhalb einzelner Rollendefinitionen finden sich vielmehr teilweise widersprüchliche Anforderungen zusammengefasst. Das gilt noch einmal potenziert für Konflikte zwischen den einzelnen Rollen, die das Individuum als Gesellschaftsteilnehmer zu spielen hat.
15 Vgl. in diesem Zusammenhang Krappmanns Rekonstruktion von Anna Freuds psychoanalytischer Theorie der „Abwehrmechanismen" sowie ihrer soziologischen Rezeption (Krappmann 1979, 158 ff).
16 Theoriegeschichtlich ist der Begriff der Ambiguitätstoleranz in der empirischen Vorurteilsforschung der Mitte des 20. Jahrhunderts verwurzelt. Ausgangspunkt war hier die Beobachtung, dass stark vorurteilsbelastete Kinder eine Tendenz zeigten, „mehrdeutige Sachverhalte nicht zur Kenntnis zu nehmen und sie in weniger komplexe umzustrukturieren" (Krappmann 1979, 153).

haltungen hart aufeinanderprallen.[17] Auch und gerade im urbanen Kontext lassen sich die skizzierten Abwehrhaltungen beobachten: der (tendenziell resignativ-erschöpfte) Rückzug aus dem öffentlichen Leben ins Private sowie die Zurückdrängung und Bekämpfung von Ambivalenzen zugunsten vermeintlicher Eindeutigkeiten und Identitätsbehauptungen.[18]

Psychologisch betrachtet korreliert Ambiguitätstoleranz dabei mit der Ich-Stärke eines Individuums. Allerdings wäre es zu kurz gedacht, alle Widersprüchlichkeiten und Spannungen des urbanen Lebens nun gleichsam nur innerlich umarmen zu wollen. Vielmehr ist hier noch einmal näher zu unterscheiden zwischen einer ‚ästhetischen' und einer ‚ethischen' Ebene der Betrachtungsweise. Die verfallenen Gründerzeitbauten erscheinen dem Hinzugezogenen womöglich als aufregend und abenteuerlich, den alteingesessenen Bewohnern hingegen als dringend sanierungsbedürftig. Die Spannungen und Brüche, welche die Großstadt oberflächlich faszinierend machen, markieren zugleich ihre sozialethischen Problemzonen.

Bei allem Hoch auf die Ambiguitätstoleranz stellen sich mithin auch Rückfragen: Wieviel Widersprüche lassen sich im konkreten Zusammenleben tatsächlich aushalten? Wieviel Ich-Stärke wird dabei dem Einzelnen abverlangt, und aus welchen Quellen soll sie sich speisen? Gibt es nicht auch so etwas wie ein falsches Sich-Einrichten in Widersprüchen – als Ausdruck eines entfremdeten Lebens?[19] Diese Fragen leiten über zum zweiten, theologischen Teil meiner Ausführungen. Denn ist es nicht gerade die Religion, die für das Versprechen eines einfachen Lebens und für ein programmatisches Ende der Kompliziertheit der Dinge steht? Anders und genauer gefragt: Wie sind die mit dem religiösen Bewusstsein untrennbar verbundenen Einheits- und Eindeutigkeitsprätentionen mit einer urbanen Kultur der Differenz und Ambivalenz vermittelbar?

---

[17] Gemildert wird dieser Effekt freilich durch die im vorigen Abschnitt beschriebene stadträumliche Segregation.
[18] In einen größeren kulturtheoretischen Zusammenhang eingestellt wird diese Tendenz von Bauer 2018.
[19] Bereits Theodor W. Adornos Kritik am Identitätsprinzip ging in die Richtung, dass damit dem Subjekt auf individueller Ebene eine Versöhnung von Widersprüchen zugemutet würde, die ihren Ursprung auf soziostruktureller Ebene hätten. Identität wird damit zur „Urform der Ideologie" (Adorno 1975, 149).

2 Theologische Perspektivierungen

Im folgenden Abschnitt greife ich die skizzierten Themenkreise auf und mache den Versuch, sie in unterschiedliche theologische Perspektiven einzurücken. Den ersten Themenkreis – die Stadt als Ort, an dem Fremde leben – bringe ich in Beziehung mit dem ökumenisch inspirierten Gedanken einer „versöhnten Verschiedenheit" (2.1); das Thema der sozialen Spaltung setze ich zum religiösen Streben nach Integration in Beziehung (2.2); das Thema der mit dem städtischen Leben verbundenen kulturellen Ambivalenz und Mehrdeutigkeit reflektiere ich schließlich vor dem Hintergrund einiger Motive der biblischen Theologie und Dogmatik (2.3).

2.1 Versöhnte Verschiedenheit

Die Stadt ist ein Ort, an dem Fremde leben. Das gilt auch in Bezug auf die urbane Religionskultur. In einer Studie vom Beginn des Millenniums werden über 300 verschiedene Religionsgemeinschaften und Kirchen für Berlin aufgeführt: Lutheraner und Katholiken, unterschiedliche reformierte Kirchen, evangelikale Gemeinschaften, Freikirchen und Pfingstler, Orthodoxe und Esoteriker; unterschiedliche jüdische Gemeinden; aus dem Bereich des Islam: sunnitische und schiitische Gemeinden, Sufis, Aleviten; unterschiedliche Gruppen des Hinduismus, Krishna-Gruppen, Transzendentale Meditation; unterschiedliche buddhistische Formationen; darüber hinaus zahlreiche Migrationsgemeinden, gnostische, neugnostische und neuheidnische Gruppen, Hexen und Heiler und vieles andere mehr (Grübel und Rademacher 2003). Aus Konsumentenperspektive erscheint die Stadt wie ein gigantischer „Supermarkt der Religionen" (Graf 2014), der unterschiedliche Heilsversprechen und Sinnangebote für seine Kundinnen und Kunden bereithält.

Religiöse Vielfalt lässt sich auf zweierlei Weise beschreiben: Entweder aus der Außenperspektive – etwa aus Sicht der säkularen Stadtgesellschaft in Gestalt ihrer politischen Organe, zivilgesellschaftlichen Akteure und akademischen Eliten – oder aus der Binnenperspektive der einzelnen Glaubensgemeinschaften. Was die Perspektive der säkularen Stadtgesellschaft angeht, wünschen sich viele in erster Linie einen friedlichen, versöhnlichen Umgang zwischen den verschiedenen Religionen und Kirchen. Man möchte interreligiöse Friedensgebete anstelle von religiösem Fanatismus und feindlicher Hetze gegen Andersgläubige (Kanitz, Moos und Zarnow 2020, 248–280). Die Religion, wie sie seitens der säkularen Gesellschaft gewünscht wird, ist in sich selbst plural, nämlich interreligiös verfasst – und darin zugleich um ihre polemischen Spitzen gebracht, gleichsam pazifiziert.

Diese Außenperspektive auf den städtischen Supermarkt der Religionen muss sich nicht mit der Binnenperspektive der religiösen Akteure decken. Auch hier gilt der allgemeine, bereits von Simmel formulierte Grundsatz: Oftmals erträgt man die anderen – in diesem Fall: die anderen Religionsgemeinschaften – am besten, indem man sich auf Abstand hält und gegenseitig in Ruhe lässt. Der Wunsch nach interreligiösen Begegnungsformaten ist jedenfalls gerade aus Sicht der einzelnen religiösen Gruppierungen nicht einfach zu generalisieren. Daher braucht es in der Regel auch Institutionen wie eine evangelische Akademie, eine vom Berliner Senat unterstützte Nacht der Religionen oder kirchliche Sonderbeauftragte, die sich der aktiven Pflege des interreligiösen Dialogs verschrieben haben, der dann aber eben auch nur ein gewisses Spektrum erreicht.

Aus der Binnenperspektive des evangelischen Christentums, die ich an dieser Stelle einnehmen möchte, gab und gibt es unterschiedliche Modelle, religiöse Pluralität zu verarbeiten. Über Jahrhunderte mit am wichtigsten war die „Mosaische Unterscheidung" (Assmann 2003) von wahrer und falscher Religion. Damit verbindet sich nun allerdings gerade kein Pazifizierungs-, sondern ein Konfliktmodell religiöser Pluralität: Die Anderen sind die Un- bzw. Falschgläubigen und damit wahlweise zu missionieren, zu bekämpfen, teilweise, in moderater Grundhaltung, auch zu tolerieren.[20]

Heute setzt sich die evangelische Kirche für die Idee einer „versöhnten Verschiedenheit" in erster Linie der christlichen Kirchen und Konfessionen, darüber hinaus aber auch in Bezug auf andere Religionsgemeinschaften und Glaubensrichtungen ein (EKD 2015). Es war ein langer, von vielen auch gewaltsamen Rückschlägen geprägter Weg, der hierhin führte. Die Vielfalt der Religionen wird darin prinzipiell bejaht; Ziel ist eine friedliche Koexistenz und partielle Kooperation der Religionsgemeinschaften. Die Versuche, dieses Befriedungs- und Kooperationsmodell selbst noch einmal theologisch zu ‚begründen' bzw. dogmatisch zu deduzieren, stehen allerdings vor nicht unerheblichen Schwierigkeiten. Denn weder die Auslegungsgeschichte des biblischen Gottebenbildlichkeitsmotivs noch die Geschichte der christlichen Versöhnungslehre führen gradlinig zum Gedanken einer „Pluralismusfähigkeit" des Christentums.[21] Gegenüber al-

---

20 Eine solche Binnenstrukturierung religiöser Pluralität nach dem Freund-Feind-Schema gibt es natürlich nicht nur im Christentum – und auch nicht nur im Monotheismus, wie gegenüber Jan Assmann zu betonen ist.

21 Zur scharfsinnigen Kritik an solchen und ähnlichen Versuchen, Ideengeschichte an den kontingenten Entwicklungslinien der Realgeschichte gleichsam vorbei zu schreiben, vgl. Joas 2011.

len theologischen Kurzschlüssen, die jene Pluralismusfähigkeit aus einem bestimmten biblischen Motiv oder einem bestimmten dogmatischen Lehrstück gleichsam unmittelbar theologisch ableiten wollen, ist daran zu erinnern: Dass das evangelische Christentum heute vielerorts bereit ist, sich in seinem Geltungsanspruch selbst zu begrenzen und damit zugleich in seinem Absolutheits- und Wahrheitsanspruch zu relativieren, ist nur vor dem Hintergrund der teils sehr schmerzhaften Geschichte der christlichen Kirchen in Europa zu verstehen. Die Bejahung von religiöser Pluralität ist das Ergebnis eines jahrhundertelangen Lernprozesses der europäischen Religionsgeschichte. Die Erinnerung an diese Geschichte ist daher zu Recht ein wesentliches Moment urbaner Religionskultur aus evangelischer Perspektive.

2.2 Soziale Spaltung und religiöse Integration

Die Stadt, so hatte ich oben ausgeführt, ist ein Ort der sozialräumlichen Segregation und sozialen Ungleichheit. Der Umgang mit sozialer Ungleichheit ist auch ein Kernthema vieler städtischer Kirchengemeinden. Engagierte Christinnen und Christen wollen Ungleichheit überwinden und Brücken bauen. Viele Angebote von Kirchengemeinden – von der Kleiderkammer bis hin zum Begrüßungsfrühstück für Neuhinzugezogene – zielen ab auf soziale Integration. Gottesdienste sollen entsprechend milieuoffen sein; alle sollen kommen, ob groß oder klein, arm oder reich, prekär oder privilegiert. Das Bild des großen Gastmahls aus dem 14. Kapitel des Lukasevangeliums dient hier als Bild für eine große Utopie, eine Utopie der vollumfänglichen sozialen Integration: Alle von den Hecken und Zäunen sind eingeladen, niemand soll fehlen am Tisch des Herrn.

Dieselbe Geschichte aus dem Lukasevangelium hat allerdings ihre erzählerische Pointe darin, dass die zuerst eingeladenen Gäste mit fadenscheinigen Gründen abgesagt hatten. Es ist nicht die erste, sondern die zweite Garde, die am Tisch des Herrn Platz genommen hat. Die Utopie vom großen Gastmahl ist mithin ein Gegenbild, das bereits die Erfahrung gescheiterter Integrationsbemühungen reflektiert. Ähnliche Erfahrungen machen auch heutige Gemeinden. Sie wollen soziale Ungleichheit überwinden, und erfahren sich doch zugleich als Orte, an denen sie auf unterschiedlichsten Ebenen reproduziert wird.[22] Die Hürden zu vermeintlich milieuübergreifenden Veranstaltungen werden doch von einigen als

---

[22] Die folgenden Beobachtungen sind dem empirischen Material der bereits erwähnten Feldstudie zur Religion in neuen Stadtquartieren entnommen, vgl. Kanitz, Moos und Zarnow 2020, 154–172.

sehr hoch empfunden – einschließlich des Gottesdienstes (bei dem man ja etwas in den Kollektenbeutel werfen muss). Besonders bei aus mehreren Teilen fusionierten Gemeinden lässt sich beobachten, teils noch verstärkt durch physische Barrieren wie eine Bahn-Trasse oder eine vielbefahrene Straße, wie die Ursprungsidentitäten verteidigt werden und Integrationsbemühungen seitens der hauptamtlichen Akteure scheitern. Das gilt umso stärker, wenn verschiedene Gemeindeteile in unterschiedlichen städtischen Milieus verwurzelt sind: hier der Problemkiez, womöglich auf der Kippe zum Brennpunktviertel, dort das neue Stadtquartier mit seinen hochpreisigen Eigentumswohnungen. Solche sozialräumlichen Ungleichheiten vermögen Kirchengemeinden kaum zu ‚verdauen'; sie reproduzieren sie vielmehr in ihren Gremienstrukturen und inhaltlichen Angeboten.

Es stellt sich hier ganz allgemein die Frage, wie die Grundspannung urbanen Lebens, das auf sozialer Ungleichheit aufruht und diese zugleich permanent reproduziert, theologisch zu interpretieren ist. Ein elementarer theologischer Beitrag zur Integrationsdebatte könnte darin bestehen, die Idee einer vollumfänglichen sozialen Integration als das beim Namen zu nennen, was sie ist: eine religiöse Utopie. Vollumfängliche soziale Integration oder gar Inklusion sind keine erreichbaren politischen Planungsziele, sondern – religiös gesprochen – Merkmale des Reiches Gottes. In dieser Einsicht liegt zugleich eine Forderung und eine Entlastung:[23] Nicht die prinzipielle Überwindung von Ungleichheit, wohl aber ihre sozialverträgliche Gestaltung liegt im Horizont des menschlich Machbaren. Daher gehört nicht das spirituelle Amt zur Erschaffung des neuen Menschen, wohl aber die Diakonie in die Stadt, die soziale Ungleichheit nicht abschaffen kann, aber versucht, die damit verbundene Not zu lindern.

2.3 Glaube und Ambiguitätstoleranz

Ambiguitätstoleranz, hatte ich im Anschluss an Lothar Krappmann ausgeführt, ist die Fähigkeit, Spannungen und Widersprüche auszuhalten, ohne sich in falsche Eindeutigkeiten zu flüchten. Wie verhält sich diese urbane Tugend nun aber zum Wesen des christlichen Glaubens?

Diese Frage ist nicht ganz einfach zu beantworten. Denn zunächst scheint religiöser Glaube ja selbst auf Eindeutigkeit zu zielen. Der paradigmatische theolo-

---

[23] Zum theologischen Programm einer funktionalen Interpretation materialdogmatischer Symbolgehalte und der ihnen eigenen Rationalität, das im Hintergrund der hier nur knapp skizzierten Überlegungen steht, vgl. ausführlich Zarnow 2010, 303–356; Moos 2018, 568–602.

gische Topos dafür ist das Bekenntnis: Hier stehe ich und kann nicht anders. Wenn auch alles steht und wankt, ich stehe auf festem Grund. Oder mit den großen Worten aus dem achten Kapitel des Römerbriefs: „Denn ich bin gewiss, dass weder Tod noch Leben, weder Engel noch Mächte noch Gewalten, weder Gegenwärtiges noch Zukünftiges, weder Hohes noch Tiefes noch eine andere Kreatur uns scheiden kann von der Liebe Gottes, die in Christus Jesus ist, unserem Herrn" (Röm 8, 37–39). Mehr Gewissheit, mehr Eindeutigkeit geht nicht. Der Glaube, wie Paulus ihn versteht, gründet in einer Gewissheit, die allem Wanken und Schwanken der Mächte und Gewalten gegenübersteht.

Sucht man innerhalb der evangelischen Dogmatik demgegenüber nach einem Ort, an dem Erfahrungen der Zweideutigkeit reflektiert werden, wird man in der Kosmologie fündig. Die geschaffene Welt ist – spätestens nach dem Sündenfall – eine Sphäre der Zweideutigkeit.[24] Auf der einen Seite gilt weiterhin das göttliche Urteil aus der priesterlichen Schöpfungserzählung: Und siehe, es war sehr gut. Auf der anderen Seite sind die Dinge mit dem Fall kompliziert geworden. Die Grenze von gut und böse ist uneindeutig und oft kaum zu ziehen. Die Dinge haben eben zwei – oder noch mehr Seiten, je nachdem, wie man sie wendet und betrachtet. Auch hier gilt: Eine Aufhebung der Zweideutigkeit ist hienieden nicht zu erwarten, sondern erst am Ende aller Dinge. Das religiöse Symbol dafür ist das Jüngste Gericht (Tillich 2017, 875). Erst dann, im großen Finale, wird alle Zweideutigkeit aufgelöst werden.

Aber vorher eben nicht. Auch hier liegt die eigentliche Pointe der religiösen Symbolik in der Verlagerung aller Eindeutigkeitsphantasien ins Jenseits. Auf Erden hingegen müssen wir mit Zweideutigkeiten leben, denn das ist – dogmatisch gesprochen – das Wesen dieser Welt. Dadurch wird die christliche Existenz in eine tiefe Spannung versetzt. Die Gewissheit des Glaubens, wie Paulus oder auch Luther sie beschreiben, ist unter diesen Bedingungen eben gerade kein dauerstabiler Zustand und kann das auch gar nicht sein. Es gibt sie nur als immer neuen Durchbruch durch Erfahrungen von Ambivalenz und Zweideutigkeit hindurch.[25]

---

[24] Der Begriff der Zweideutigkeit ist der Schlüsselbegriff im vierten Teil der Systematischen Theologie Paul Tillichs, der *de facto* einen programmatischen Neuansatz seiner gesamten Dogmatik darstellt: Die „Zweideutigkeit des Lebens" stellt nun das Ur-Datum einer erlösungsbedürftigen Welt dar, deren Erlösung im Gegenzug als ihre Überwindung und Überführung in Selbstintegration zu denken ist (Tillich 2017).

[25] Dieser Punkt wird auch besonders betont von Klessmann 2018. Allerdings droht bei Klessmann die Einsicht in das „Ende der Eindeutigkeit" dogmatisch festgeschrieben und damit seinerseits wieder vereindeutigt zu werden. Es gilt m. E. stärker, als Klessmann das tut, Phänomene religiöser Ambivalenz und Mehrdeutigkeit gerade vor dem Hintergrund einer religiös ‚legitimen' Sehnsucht nach Eindeutigkeit zu rekonstruieren.

Beenden möchte ich meine Überlegungen mit einem kurzen Ausflug in die biblische Theologie. Denn die Vorstellung, dass der Glaube nicht nur stets von Zweideutigkeiten und Ambivalenzen ‚angefochten' ist, sondern darüber hinaus auch Mehrdeutigkeiten eigener Art produziert, kommt bereits in zentralen Geschichten des Neuen Testaments zum Ausdruck. Ich denke dabei insbesondere an Geschichten, die von Erscheinungen des auferstandenen Christus handeln (Schnelle 2007, 148). Nachdem dieser von den Toten auferweckt wurde und bevor er (nach dem narrativen Konzept des Lukas-Evangeliums und der Apostelgeschichte) in den Himmel auffährt, um zur Rechten des Vaters Platz zu nehmen, begegnet er seinen ehemaligen Jüngern. Allerdings sind die Geschichten, die von diesen Begegnungen handeln, allesamt durch eine eigentümliche Spannung von Präsenz und Entzug charakterisiert: „Man erkennt den Herrn und erkennt ihn doch wieder nicht; man berührt ihn, und er ist doch der Unberührbare; er ist derselbe und doch ganz anders" (Ratzinger 2000, 291).

Als Beispiel dafür kann an die Geschichte von den Emmaus-Jüngern erinnert werden. Zwei trauernde Jünger ziehen ihres Weges. Der Auferstandene gesellt sich zu ihnen, aber sie erkennen ihn nicht und halten ihn für einen Fremden. Erst, als sie abends gemeinsam essen und das Brot brechen, gehen ihnen die Augen auf, aber in diesem Moment ist Jesus auch schon wieder verschwunden. Die Geschichte verdeutlicht den Christinnen und Christen, die Jesus als leibhaftiges Gegenüber nicht mehr erlebt haben: Man kann Jesus „nicht feststellen wie zur Zeit seines irdischen Lebens; er wird allein im Bereich des Glaubens entdeckt" (Ratzinger 2000, 291). Die Geschichte von Emmaus sagt: Jesus ist da, aber er ist doch ganz anders da, er ist *als* ein ganz anderer da, als er den Jüngern vertraut war.

Damit zieht ein Moment von Ambivalenz in die Grundsubstanz des christlichen Glaubens ein. Im Glauben an den auferstandenen Herrn wird die Mehrdeutigkeit religiöser Erfahrung nicht überwunden, sondern bleibend festgehalten. Der Osterglaube wird selbst zu einer Sehschule der Mehrdeutigkeit, zu einem religiösen Ort und einer spirituellen Quelle sowohl der Ambivalenzerfahrung als auch der Ambivalenzbewältigungspraxis.

Literaturverzeichnis

Adli, Mazda Adli. 2017. *Stress and the City. Warum Städte uns krank machen. Und warum sie trotzdem gut für uns sind.* München: C. Bertelsmann Verlag.
Adorno, Theodor W. 1975. *Negative Dialektik.* Frankfurt am Main: Suhrkamp.
Assmann, Jan. 2003. *Die Mosaische Unterscheidung oder der Preis des Monotheismus.* München/Wien: Hanser.
Baacke, Frank, Caterina Hildebrand und Miriam Pfordte. 2014. *150 StadtErnte. Zur Geschichte der Schrebergärten.* Leipzig: Deutsches Kleingärtnermuseum.

Bahrdt, Hans-Paul. 2006. *Die moderne Großstadt. Soziologische Überlegungen zum Städtebau.* Wiesbaden: Springer.
Bär, Martina. 2020. *Urbane Logik und Theo-Logik. Gottesrede in (post-)modernen Stadtgesellschaften.* Freiburg im Breisgau: Herder.
Bauer, Thomas. 2018. *Die Vereindeutigung der Welt. Über den Verlust an Mehrdeutigkeit und Vielfalt.* Ditzingen: Reclam.
Berking, Helmuth und Martina Löw, Hg. 2005. *Die Wirklichkeit der Städte.* Baden-Baden: Nomos.
Dangschat, Jens S. 1994. „Lebensstile in der Stadt. Raumbezug und konkreter Ort von Lebensstilen und Lebensstilisierungen." In *Lebensstile in den Städten. Konzepte und Methoden*, hg. von Jens S. Dangschat und Jörg Blasius, 335–354. Wiesbaden: Springer.
Eckardt, Frank, Hg. 2012. *Handbuch Stadtsoziologie.* Wiesbaden: Springer.
Eiffler, Felix. 2020. *Kirche für die Stadt. Pluriforme urbane Gemeindeentwicklung unter den Bedingungen urbaner Segregation.* Göttingen: Vandenhoeck & Ruprecht.
EKD. 2015. *Christlicher Glaube und religiöse Vielfalt in evangelischer Perspektive. Ein Grundlagentext des Rates der Evangelischen Kirche in Deutschland (EKD).* Gütersloh: Gütersloher Verlagshaus.
Graf, Friedrich Wilhelm. 2014. *Götter global. Wie die Welt zum Supermarkt der Religionen wird.* München: C.H. Beck.
Grübel, Nils und Stefan Rademacher, Hg. 2003. *Religion in Berlin. Ein Handbuch.* Berlin: Weißensee Verlag.
Häußermann, Hartmut. 2011. „Georg Simmel, der Stadtsoziologe. Zur Einführung." In *Georg Simmel und die aktuelle Stadtforschung*, hg. von Harald A. Mieg, Astrid O. Sundsboe und Majken Bieniok, 15–27. Wiesbaden: Springer.
Joas, Hans. 2011. *Die Sakralität der Person. Eine neue Genealogie der Menschenrechte.* Berlin: Suhrkamp.
Kanitz, Juliane, Thorsten Moos und Christopher Zarnow. 2020. *Religion in neuen Stadtquartieren. Eine empirische Studie.* Berlin (unveröffentlichtes Typoskript).
Klessmann, Michael. 2018. *Ambivalenz und Glaube. Warum sich in der Gegenwart Glaubensgewissheit zu Glaubensambivalenz wandeln muss.* Stuttgart: Kohlhammer.
Krappmann, Lothar. 1979. *Soziologische Dimensionen der Identität. Strukturelle Bedingungen für die Teilnahme an Interaktionsprozessen.* Stuttgart: Klett-Cotta.
Lindner, Rolf. 2007. *Die Entdeckung der Stadtkultur. Soziologie aus Erfahrung der Reportage.* Frankfurt am Main: Campus.
Löw, Martina. 2012. *Soziologie der Städte.* Frankfurt am Main: Suhrkamp.
Meireis, Torsten. 2018. „Aus den Augen, aus dem Sinn? Die Gentrifikation des öffentlichen Raums und das moralische Recht auf Zugang." In *Religion in der Stadt. Räumliche Konfigurationen und theologische Deutungen*, hg. von Christopher Zarnow, Birgit Klostermeier und Rüdiger Sachau, 226–247. Berlin: EB-Verlag.
Mieg, Harald A., Astrid O. Sundsboe und Majken Bieniok, Hg. 2011. *Georg Simmel und die aktuelle Stadtforschung.* Wiesbaden: Springer.
Miller, Daniel. 2010. *Der Trost der Dinge.* Berlin: Suhrkamp.
Moos, Thorsten. 2018. *Krankheitserfahrung und Religion.* Tübingen: Mohr Siebeck.
Ratzinger, Joseph. 2000. *Einführung in das Christentum.* München: Kösel.

Rebenstorf, Hilke, Christopher Zarnow, Anna Körs und Christoph Sigrist, Hg. 2018. *Citykirchen und Tourismus. Soziologisch-theologische Studien zwischen Berlin und Zürich*. Leipzig: Evangelische Verlagsanstalt.

Reckwitz, Andreas. 2018. *Die Gesellschaft der Singularitäten. Zum Strukturwandel der Moderne*. Berlin: Suhrkamp.

Schnelle, Udo. 2007. *Theologie des Neuen Testaments*. Göttingen: UTB.

Siebel, Walter. 2015. *Die Kultur der Stadt*. Berlin: Suhrkamp.

Simmel, Georg. 1995. „Die Großstädte und das Geistesleben." [1903] In: ders., *Aufsätze und Abhandlungen 1901–1908*, Bd. 1 (GA 7), 116–131. Frankfurt am Main: Suhrkamp.

Stelling, Anke. 2018. *Schäfchen im Trockenen*. Berlin: Verbrecherverlag.

Tillich, Paul. 2017. *Systematische Theologie III*, hg. von Christian Danz. Berlin/Boston: De Gruyter.

Tönnies, Ferdinand. 1979. *Gemeinschaft und Gesellschaft. Grundbegriffe der reinen Soziologie*. Darmstadt: Wissenschaftliche Buchgesellschaft.

Weiß, Volker. 2018. *Die autoritäre Revolte. Die neue Rechte und der Untergang des Abendlandes*. Stuttgart: Klett-Cotta.

Zarnow, Christopher. 2010. *Identität und Religion. Philosophische, soziologische, religionspsychologische und theologische Dimensionen des Identitätsbegriffs*. Tübingen: Mohr Siebeck.

Zarnow, Christopher. 2017. „Religionsproduktive Differenzen. Bausteine zu einer Theologie des Urbanen." *Praktische Theologie* 52: 220–226.

Zarnow, Christopher. 2018a. „Urbane Theologie." *Zeitschrift für Theologie und Kirche* 115: 185–208.

Zarnow, Christopher. 2018b. „Zwischen urbanem Dorf und Citykirche. Stadtkirchliche Strukturen im Wandel." *RaumPlanung. Fachzeitschrift für räumliche Planung und Forschung* 197: 8–13.

Zarnow, Christopher, Birgit Klostermeier und Rüdiger Sachau, Hg. 2018. *Religion in der Stadt. Räumliche Konfigurationen und theologische Deutungen*. Berlin: EB-Verlag.

Martina Bär
Anders Kirche-Sein in Megacities

Eine lateinamerikanische Perspektive

> Mexiko-Stadt ist eine harte, verlockende Droge, die leicht abhängig machen kann. Wenn man nicht aufpasst, endet man als ein kleiner Brocken des steinernen Sees. Doch die verunglückte Geografie der Stadt und ihre verrückte Bewegtheit, ihr obsessives Verhältnis zum Tod und ihre gewaltigen Kontraste wirken magnetisch auf Künstlernaturen aller Art. Die Hölle hat ohne Zweifel ihre Vorteile. (Fadanelli 2010)

Bedingungslos und ohne falsche Scham beschreibt der mexikanische Schriftsteller Guillermo Fadanelli in einer wundervoll bilderreichen Sprache Mexiko-City als schaurig-bizarren Organismus (Fadanelli 2006), der wie alle Megastädte dieser Erde trotz hoher Kriminalität stark anziehend wirkt – nicht nur auf Künstlernaturen. Die gewaltigen Kontraste von arm und reich, traditionell und modern, homogen und plural, würdevoll und entwürdigend, kreativ und industriell u.v.a. sind ein typisches Charakteristikum von Megastädten. Sie dynamisieren, vitalisieren und transformieren die urbane Kultur von Megastädten. Hinzu kommt, dass verschiedene Kulturen mit unterschiedlichen Lebensstilen und Werten koexistieren und zur Vitalisierung beitragen. Die urbane Kultur bietet vielen Menschen, gerade jungen Erwachsenen, eine Chance und impliziert trotz schwieriger Lebensbedingungen für viele Stadtbewohnerinnen und Stadtbewohner befreiende Elemente. Gleichzeitig sind Megastädte auch gefährlich, weil sie durch Menschenrechtsverletzungen, Gewalt und Korruption zerstörend wirken können. Dieses ‚sowohl als auch' erfordert von den Kirchen Lateinamerikas ein komplexes Begreifen der urbanen Realität, wenn sie eine Pastoral betreiben möchten, die bei den Sorgen und Nöten der Menschen ihrer Städte ansetzt.

Analog zu den urbanen Kontrasten von Megastädten stehen die Kontraste der römisch-katholischen Kirche Lateinamerikas. Als ich vor einigen Jahren meine erste Forschungsreise nach Lateinamerika angetreten bin, um die dortige Großstadtpastoral der römisch-katholischen Kirche zu erkunden, war ich erstaunt zu sehen, wie sehr die Katholische Kirche in zwei Lager geteilt ist. Die Katholische Kirche ist über einige Jahrhunderte hinweg die dominierende Volkskirche in Lateinamerika und der Karibik gewesen. Daher wurde Lateinamerika auch als der „Katholische Kontinent" bezeichnet. Das 20. Jahrhundert brachte allerdings einige Veränderungen auf dem religiösen Feld mit sich. Eine wichtige *binnenkirchliche* Veränderung war die Entwicklung der *Theologie der Befreiung* in der zweiten Hälfte des 20. Jahrhunderts als eine neue theologische und kirchliche Bewegung, die sich sozialpolitisch für soziale Gerechtigkeit und Menschenrechte engagierte. Die zunehmende Armut und Verelendung von Lateinamerikanerinnen und Lateinamerikanern brachte das lateinamerikanische Episkopat dazu, sich für die ‚vorrangige Option für die Armen' und Unterdrückten auszusprechen und sich so mit ihnen zu solidarisieren. Viele Bischöfe kündigten daher die unheilige Allianz mit den herrschenden Eliten auf. Es wurden Basisgemeinden gegründet, also kleine kirchliche Gemeinschaften, die, befreiungstheologisch inspiriert, nicht nur Leben und Glauben miteinander teilten, sondern auch politisch in Aktion traten. Oft schlossen sich diese Christinnen und Christen linken Parteien oder sozialpolitischen Gruppierungen an und verstanden sich als Teil der sozialen Befreiungsbewegung von Militärdiktaturen etc. (Lassak 2014, 81).

Der *Theologie der Befreiung* wurde von vatikanischer Seite eine gefährliche Nähe zum Marxismus attestiert. Für Papst Johannes Paul II. (1978–2005), den Papst aus dem kommunistisch regierten Polen, war der Gedanke an eine ideologische Verquickung von Christentum und Marxismus unerträglich; auch sein oberster Glaubenshüter Joseph Ratzinger, der inzwischen emeritierte Papst Benedikt XVI. (2005–2013), agierte gegen die Befreiungstheologie. So wurden unter dem Pontifikat von Johannes Paul II. Bischöfe und Universitätsprofessoren ersetzt. Die Bistümer wurden durchsäubert. Es fand ein radikaler theologischer Richtungswechsel statt, der nunmehr wenig mit den Anliegen des II. Vatikanums und schon gar nicht mit der Befreiungstheologie gemeinsam hatte. Nicht Öffnung auf die moderne Gesellschaft hin oder eine pastorale Kirche, die auf der Seite der Armen steht, stand auf der Agenda, sondern eine Verengung des kirchlichen Lebens auf Sakramentenpastoral und Liturgie mit dem Priester im Zentrum. Gleichzeitig wurden die lateinamerikanische Katholische Kirche und deren Klerus von ultrakonservativen Organisationen wie Opus Dei „unterwandert". Es erfolgte in vielen lateinamerikanischen Ländern eine Re-Klerikalisierung und Hierarchisierung, katechetische Indoktrination und moralische Kontrolle (Lassak 2014, 82). Doch parallel zu dieser Re-Klerikalisierung der Katholischen Kirche Lateinamerikas brach sich in den 1990er Jahren die wirtschaftliche Globalisierung Bahn. Sie hatte zur Folge, dass sich einige Metropolen Lateinamerikas, wie Mexiko-City oder São Paulo, zu Megastädten mit über 10 Mio. Einwohnern entwickelten. Mexiko-City und São Paulo gehören aufgrund von Arbeitsmigration nun zu den größten Städten der Welt. Im Jahr 2019 rangierte die Megastadt São Paulo mit 21,7 Mio. Einwohnern auf Platz 4 der Rangliste der größten Städte der Welt. Dicht gefolgt von Mexiko-City, das mit seinen 21,6 Mio. Einwohnern auf Platz 5 steht (UN 2018). Wegen der wirtschaftlichen Globalisierung sind nun ganz Lateinamerika und die Karibik massiv mit dem Phänomen der Verstädterung konfrontiert: Im Jahr 2018 lebte 81 % der Bevölkerung in städtischen Regionen. Im weltweiten Vergleich gehören Lateinamerika und die Karibik zu den meist urbanisierten Regionen der Welt. Dieser hohe Verstädterungsgrad wird nur noch von Nordamerika getoppt.

Diese Mega-Urbanisierung führte zu soziokulturellen und religiösen Transformationsprozessen in den großen Städten Lateinamerikas, wodurch das lateinamerikanische Episkopat der Katholische Kirche einräumen musste, dass sich ein kultureller Epochenwandel vollzieht: „Wir erleben einen Epochenwechsel, der sich am folgenschwersten kulturell auswirkt. Das ganzheitliche Verständnis vom Menschen, von seiner Beziehung zur Welt und zu Gott verflüchtigt sich" (Aparecida 2007, 47). Gemeint sind Modernisierungs- und Säkularisierungsphänomene der Postmoderne, die nun auch in den lateinamerikanischen Gesellschaften Einzug gehalten haben. Unter diesem Eindruck entstand in den 1990er Jahren in der rasant wachsenden Stadt Mexiko-City eine neue theologische und kirchliche Bewegung, die sich Großstadtpastoral – *Pastoral Urbana* – nennt und sich an der pastoralen Ausrichtung von Kirche gemäß dem Zweiten Vatikanischen Konzil orientiert. Viele vormalige Befreiungstheologinnen und Befreiungstheologen haben hier ihre neue theologische und kirchliche Heimat gefunden. Der Zwiespalt der Katholischen Kirche Lateinamerikas besteht also nun in einer antimodernen, klerikalen Kirche einerseits und einer im Sinne des Zweiten Vatikanums modernen, befreiungstheologisch angehauchten Kirche andererseits, welche das Phänomen der Urbanisierung als Zeichen der Zeit ernst nimmt und sich davon affizieren lässt.

Insgesamt aber steht die Katholische Kirche Lateinamerikas unter dem Druck, missionieren zu müssen, da auch sie an ‚Kirchgängerschwund' leidet. Der Rückgang der Sonntagskirchgänger liegt nicht nur an den Säkularisierungsprozessen, sondern auch an der erfolgreichen Missionierung der pentekostalen Kirchen, die sich seit den 1970er Jahren ausdifferenzieren und massenweise Menschen missionieren (Eckholt 2013, 507–520). Katholische Gläubige der Elendsviertel lassen sich mit dem Versprechen abwerben, materiellen Wohlstand zu erlangen. Katholische Frauen, auch aus der Mittelschicht, erfahren in den neopentekostalen Kirchen eine neue Wertschätzung als Frau. Hier können sie eine selbstbestimmte Rolle sowohl in der Glaubensgemeinschaft als auch im öffentlichen Raum in einer von Machismo geprägten Männergesellschaft einnehmen. So verliert die Katholische Kirche seit zwei Jahrzehnten zunehmend das Monopol auf dem sich pluralisierenden religiösen Feld des Kontinents.

Mit diesem Beitrag will ich nun, nachdem ich das Phänomen der Urbanisierung und religiösen Transformation in Lateinamerika in groben Zügen skizziert habe, die Theologie und Praxis der inzwischen lateinamerikaweiten Großstadtpastoral vorstellen, da sie im Angesicht der Verstädterung eine andere Kirche und eine andere Pastoral avisiert als die pfarrei- und priesterzentrierte Kirche, nämlich eine pastorale und partizipative Kirche. Es ist selbstredend, dass diese urbane Form von Kirche-Sein bei ultrakonservativen Lagern auf Ablehnung stößt. Die Frage ist, wie lange, denn angesichts des hohen Verstädterungsgrades ist deutlich, dass die Zukunft der Kirche Lateinamerikas städtisch ist und auf andere Formen kirchlicher Religiosität drängt.

1 Was ist Großstadtpastoral (*Pastoral Urbana*)?

Dass man sich in vielen Ländern Lateinamerikas heute über eine spezifisch ‚städtische Pastoral' (*Pastoral Urbana*) oder auch eine ‚Theologie der Stadt' Gedanken macht und in praktischer Hinsicht konkrete Projekte umsetzt, geht zurück auf Benjamín Bravo, der Pfarrer einer Pfarrei und Hochschuldozent an der Universidad Pontificia de México war. Der bekannteste Vertreter der Großstadtpastoral ist sicherlich Papst Franziskus, der noch als Erzbischof von Buenos Aires diese Form von Pastoral in seiner Diözese unterstützte und sie am prominentesten mit der Rede von einer humanisierenden urbanen Evangelisierung in Verbindung brachte (Evangelii gaudium 2013). Bravo bemerkte in den 90er Jahren, dass das Phänomen der rasanten Verstädterung eine andere Pastoral, eine andere Theologie und eine andere Spiritualität benötigt. Auslöser für diese Einsicht war die Beobachtung des Chaos, das durch die Zuwanderung von Menschenmassen nach Mexico-City entstand. Mit einem Netzwerk von Theologen reflektierte er die Wirkung, die dieses städtische Chaos auf die Menschen hatte und fragte, wo in der großen, sich modernisierenden, konsumorientierten Stadt nun die neuen Orte der Transzendenz seien, wenn diese immer weniger in den sonntäglichen Gottesdiensten gesucht und gefunden werden. Das Netzwerk machte es sich zur Aufgabe, darüber nachzudenken, wie die Pastoral adäquat auf die veränderte urbane Lebenssituation und Religiosität der Stadtbewohnerinnen und Stadtbewohner antworten könnte. Es ging ihnen im Sinne des Zweiten Vatikanischen Konzils um die Rettung und Heilung der menschlichen Person und Gesellschaft, wie es die dort promulgierte Pastoralkonstitution *Gaudium et spes* nahelegt. Den Theologen wurde deutlich, dass eine pluriforme urbane Pastoral angemessen ist, um Nöte und Sorgen der Großstadtmenschen zu lindern. So entstanden milieuorientierte Gemeinden mit einer – je nach vorherrschender sozialer Schicht in der Pfarrei – entweder stark diakonischen oder eher intellektuellen Ausrichtung. Außerdem wurden hauskirchliche Kommunitäten gegründet. Hauskirchen sind nachbarschaftliche Kleingruppen innerhalb eines Pfarreisektors, die nicht in Konkurrenz zur sonntäglichen Gemeinde stehen. Sie treffen sich einmal in der Woche für eine Stunde und sprechen ein Gebet oder lesen einen Bibeltext. Sie tauschen sich über ihre aktuelle Lebenssituation aus und schauen, wie sie sich gegenseitig in ihren Bedürfnissen oder Nöten, auch materieller Art, unterstützen können. Sie leisten auch Nachbarschaftshilfe bei jenen Nachbarn, die nicht an der Hauskirche partizipieren. Oft werden diese hauskirchlichen Kommunitäten von freiwilligen Frauen geleitet, von denen ich in Mexico-City selber zwei kennen lernen konnte. Darüber hinaus entstand eine neue Form von Katechese, nämlich Familienkatechese, bei der Eltern ihre eigenen Kinder auf die Erstkommunion vorbereiten, nachdem sie selbst eine Einführung in das Christentum erhalten hatten. Die Auseinandersetzung mit dem eigenen Glauben als Erwachsene, die Kommunikation über den Glauben und die Glaubensweitergabe in der Familie soll so angeregt werden. Auch gibt es Laienzelebranten, die mit Jugendbands lebendige Gottesdienste feiern und weitere hilfreiche und inspirierende Projekte innerhalb von Pfarreien. Doch damit nicht genug. Denn Großstadtpastoral ist zutiefst dem missionarischen Auftrag Jesu verpflichtet, in die Welt hinaus zu gehen.

So versteht die Theologie der Großstadtpastoral die heutige Katholische Kirche als eine, die zunächst selbst eine Erneuerungsdynamik benötigt und sich dabei in den Zustand des missionarischen Aufbruchs versetzen muss. Der missionarische Aufbruch bezieht sich auf die Kirche selbst (*ad intra*), insofern sie sich angesichts der Zeichen der Zeit verändern muss. Und er bezieht sich auf das Außen (*ad extra*): Es gilt, der Gesellschaft bis zu ihren äußersten Rändern hin, wie Papst Franziskus nicht müde wird zu betonen, die humanisierende Botschaft des Evangeliums in Wort und Tat mitzuteilen. Die beiden Bewegungen *ad intra* und *ad extra* ermöglichen eine Erneuerungsdynamik. Diese doppelte Missionsbewegung ist vom lateinamerikanischen Episkopat im Schlussdokument der Generalversammlung in Aparecida (Brasilien) lehramtlich bestätigt worden (Aparecida 2007, 286).

Die lateinamerikanische Großstadtpastoral hat im Unterschied zur *City-Pastoral* aufgrund ihres missionarischen Grundmotivs, das nach innen und außen gerichtet ist, eine Neuausrichtung von Pfarreien im Blick, die dezentral ausgerichtet sein sollen. Dezentralisierung meint, dass das große Pfarreiterritorium in kleinere Einheiten aufgeteilt wird. So ist die großurbane Pfarrei eine Gemeinschaft, die aus vielen Kleingemeinden besteht (Aparecida 2007, 280). Die Großpfarrei wird vom leitenden Priester in Sektoren eingeteilt. Als Sektoren gelten Quartiere oder Straßenzüge. Die Sektoren werden von dort wohnhaften Animationsteams geleitet. Sie schaffen in ihrem Sektor eine Kleingemeinde und kultivieren diese katechetisch, diakonisch und liturgisch. Gefordert ist daher ein Umdenken von allen Gläubigen und Klerikern in Richtung Stärkung der einzelnen Gläubigen als Subjekte der Verkündigung (Bravo 2013). Jeder einzelne Gläubige soll dazu „erweckt" werden, ein Selbstverständnis von sich als Glaubensverkündiger in Wort und Tat zu entwickeln. Je nach persönlicher Neigung werden die glaubensverkündigenden Laien innerhalb ihrer Sektoren in Diakonie, Katechese und Liturgie eingesetzt. Das ist das Erneuerungsverständnis von Kirche *ad intra*.

Der missionarische Aufbruch *nach außen* bedeutet, hinauszugehen, die Anonymität zu durchbrechen und konkret auf Menschen im pfarreilichen Sektor, im Arbeitsumfeld oder in den Armenvierteln zuzugehen und zu helfen, die vielgestaltige physische, materielle und psychische Not in der großen Stadt zu lindern. Hierin zeigt sich die Option für die Armen. Hinzu kommt ein sozialpolitisches Engagement, das sich dafür einsetzt, bessere Lebens- und Wohnbedingungen in der Megastadt zu schaffen. Auch das setzt voraus, dass jede und jeder Einzelne sich als Multiplikatorin und Multiplikator des Glaubens oder, anders gesagt, als Missionarin oder Missionar versteht. Sich in die Dynamik eines missionarischen Aufbruchs zu begeben, bedeutet dann beispielsweise auch, dass freiwillige Pfarreimitglieder versuchen, mit den kirchenfernen Menschen in ihrem Quartier über Jesus und ihr Leben ins Gespräch zu kommen. Das sind die sogenannten *testigas* bzw. *testigos*. Es gibt auch ehrenamtlich tätige Streetworker, die sich für eine gewisse Zeit zu den Straßenkindern oder Jugendlichen gesellen und versuchen, im Sinne des ‚Christus im Andern sehen' absichtslos bei ihnen zu sein. In der aktiven Nachbarschaftshilfe werden alte und kranke Menschen unterstützt. All diese Personen konnte ich auf meinen Forschungsreisen kennenlernen. In den Gesprächen mit ihnen lernte ich, dass ihr Engagement tatsächlich auf einem Umdenken beruht und sie durch einen Prozess eines inneren Aufbruchs gegangen waren.

2 Umdenken und Veränderung des praktischen Sinns von Kirche-Sein

Großstadtpastoral basiert auf einem Umdenken des praktischen Sinns von Kirche-Sein. Dieses Umdenken und die Veränderung des praktischen Sinns beginnt aber, wie man an den Erfahrungen und Einsichten der Großstadtpastoral in Lateinamerika ablesen kann, bei jedem einzelnen Gläubigen, vor allem aber auch bei den Priestern einer Pfarrei (Penilla 2013, 201–211). Einen solchen konkreten missionarischen Aufbruch eines Priesters konnte ich in einer Großpfarrei in Mexiko-City kennen lernen. Er feiert regelmäßig öffentliche Gottesdienste auf den Straßen der einzelnen Sektoren seiner Großpfarrei. Er organisiert Beichtmöglichkeiten auf den Straßen und stellt sich selber als Beichtvater zur Verfügung. Von ihm erfuhr ich, wie schwierig, aber auch wie befreiend das Umdenken im Priesterbild ist. Er verpflichtet sich in seinem pastoralen Selbstverständnis einer urbanen Pastoral, die durch das Hinaus- und Auf-Andere-Zugehen in pastoraler Absicht charakterisiert ist. In seinem überfüllten, fröhlich-lebendigen sonntäglichen Gottesdienst waren die Früchte seiner Umkehr zu sehen.

Auf den Forschungsreisen wurde mir deutlich, dass die Katholische Kirche auf institutioneller Ebene zwar zu einer veränderten Praxis aufrufen kann, wie es Papst Franziskus immer wieder tut. Wirksam wird der Aufruf aber erst, wenn es vor Ort Priester und Gläubige gibt, die bereit sind, sich auf einen Veränderungsprozess in ihrem Selbstverständnis von Christ-Sein einzulassen. Für diese Umkehr im Selbstverständnis von Christ-Sein ist ein Perspektivenwechsel erforderlich, zu dem die Gläubigen und die in der Pastoral Tätigen angeregt werden müssen. Das mexikanische Netzwerk für Großstadtpastoral führte daher schon zu Beginn seiner Tätigkeit einen Lehrgang für die pastoralen Mitarbeiterinnen und Mitarbeiter ein, in dem dieser Perspektivenwechsel eingeübt werden kann.

3 Perspektivenwechsel in Richtung „Gott lebt in der Stadt!"

Die zentrale Devise des Perspektivenwechsels lautet: *Die Stadt lebt! – Gott lebt in der Stadt!* Das ist in einem Zuge die Gegendevise zu Harvey Cox' bekanntem Buchtitel *Stadt ohne Gott?*, wobei Cox inhaltlich davon ausging, dass Gott in der säkularen Stadt anzutreffen ist, worin die Theologie der Großstadtpastoral mit Cox übereinstimmt. Die Methode, den lebendigen Gott in der lebendigen Stadt zu finden, lautet: „Geh hinaus und begegne Anderen!" (*salida y encuentra*). Nur so, in der öffnenden Begegnung auf andere hin, kann man Gott in der Stadt antreffen.

Der deutsch-mexikanische Mitbegründer des Großstadtpastoral-Netzwerkes Alfons Vietmeier beschrieb auf einem Vortrag im Jahr 2015, wie es zur Einübung des Perspektivenwechsels kam:

> Als wir, d. h. unser mexikanisches „Netzwerk urbane Pastoral", vor fünfzehn Jahren begannen, für Verantwortliche in der Pastoral (Laien, Ordensschwestern, Priester) einen Diplomlehrgang über spezifisch urbanes Christsein und Kirchesein zu organisieren [...], wurde uns die Notwendigkeit deutlich, mit dem Einüben eines neuen Wahrnehmens zu beginnen als methodisch-spirituelles Transversalelement aller Module. Leitwort: „Die Stadt lebt! – Gott lebt in der Stadt!"

Für fast alle TeilnehmerInnen wurde das zu einer Bekehrungserfahrung: statt zu lernen, in einer vermeintlichen „Stadt ohne Gott" die Menschen zu ‚missionieren', d. h. gewinnen, damit sie wieder eine Begegnung mit unserem „Gott im Tempel" bekommen, galt es nun miteinander „jenen Gott (zu) entdecken, der in ihren Häusern, auf ihren Straßen und auf ihren Plätzen wohnt" (Evangelii Gaudium 71): eine fast kopernikanische Wende im Fühlen und Denken von vielen in der Pastoral Aktiven! Diese Gott-Entdeckungsmethode – „raus aus dem kirchlichen

Binnenmilieu und hin zum Gott mitten im Alltag!" – hat sich herumgesprochen, ausgebreitet und verfeinert, auch über Mexiko hinaus." (Vietmeier 2015, o. S.)

Die Gottentdeckungsmethode, wie sie Vietmeier beschreibt, basiert auf der Vorannahme, dass sich Gott in allen städtischen Lebensräumen und Kulturen der Stadt offenbart. Gemeint sind nicht nur die verschiedenen kulturellen Migrationshintergründe der Stadtbewohnerinnen und Stadtbewohner, von denen es in den Megacities sehr viele gibt, sondern auch die diversen urbanen Lebensstil-Kulturen, die sich permanent in einem kreativen Prozess wandeln.

Dieses Bekehrungserlebnis vom Entdecken Gottes in der Stadt als zentrales hermeneutisches Element der Großstadtpastoral verbreitete sich rasch, da vielen pastoralen Mitarbeiterinnen und Mitarbeitern bereits durch ihre Arbeit in den städtischen Pfarreien deutlich geworden war, dass eine pastorale Veränderung notwendig ist. Denn der komplexe Wandel der urbanen Realität hatte die traditionelle Pfarreipastoral zutiefst verunsichert. In Zahlen heißt das: Zur praktizierenden Stammgemeinde werden durchschnittlich nur noch 5–10 % der Getauften gezählt, die große Mehrheit der restlichen Getauften werden als Kirchenferne bezeichnet, die entweder keinen Kontakt mehr zur Pfarrei vor Ort haben oder gar nie in das Christentum eingeführt worden sind (Vietmeier 2015, o. S.). Das Bild der lateinamerikanischen Kirchgänger in Großstädten entspricht etwa dem unsrigen: Die aktiven Kirchgängerinnen und Kirchgänger kommen aus den mittleren oder älteren Generationen. Angesichts dieser Situation überzeugte und überzeugt bis heute der Perspektivenwechsel der Großstadtpastoral, in der das Pastoralteam sich dazu entscheidet, die Ansätze der Großstadtpastoral umzusetzen und Laien zu animieren, diesen missionarischen Aufbruch zu wagen, viele in der Pastoral, auch viele Gläubige einer Pfarrei. Die traditionelle Pfarreipastoral, die sich auf den Kult, den Klerus und das Kirchengebäude konzentrierte und wenig vitalisierende Wirkung zeitigte, sondern für Kirchenferne lediglich im „Kult-Konsum" von Taufen, Erstkommunion und Hochzeiten lebendig blieb, verlor bei denjenigen, die sich eine Änderung wünschten, konsequenterweise an Zustimmung.

4 Anders Kirche-Sein nach dem Vorbild der Trinität

Das theologische Programm, das hinter dieser pluriformen, dezentralen Pastoral der Stadt steht, hat der mexikanische Theologe Benjamín Bravo, der Gründungsvater der Großstadtpastoral, entwickelt. Damit die Katholische Kirche Lateinamerikas nicht denselben Entkirchlichungsprozess erfahren wird wie die

Katholische Kirche Westeuropas, hat Bravo drei Konversionen der Kirche vorgeschlagen, die für die Großstadtpastoral charakteristisch sind (Bravo 2013, 259).
1. Erste Umkehr: *Sprache*. Die Kirche soll so viel wie möglich eine zeugnisgebende und mitfühlende Sprache verwenden – eine samaritanische Sprache.
2. Zweite Umkehr: *Gemeinschaft*. Die Kirche soll zu einer Gemeinschaft von Brüdern und Schwestern zurückkehren, die geschwisterlich füreinander da sind.
3. Dritte Umkehr: *Hauskirchen*. Die Kirche soll zum Modell der Hauskirchen zurückfinden, Gemeinschaft und Leben miteinander teilen, Notleidende unterstützen.

Für Bravo sind diese drei Konversionen zurückgekoppelt an die Trinität. Die Trinität ist die *Beziehung* der göttlichen Personen, der interpersonale Einsatz füreinander, die perfekte, wechselseitige (Kommunikations-)Gemeinschaft der Personen. Die Spiritualität dieser trinitarischen Gemeinschaft ist grundlegend für das Anders Kirche-Sein in der Stadt. Die Kirche muss nun das werden, was sie seit dem Zweiten Vatikanum zu sein vorgibt, nämlich ein Sakrament der Trinität, also ein Zeichen und Werkzeug des Heils in der Welt (Lumen gentium 1). Wenn Kirche als ein Zeichen und Werkzeug des Heils in der Welt verstanden wird, dann hat sie eine pastorale Aufgabe. Diese pastorale Aufgabe einer solchen Kirche hat das Zweite Vatikanum in seiner Pastoralkonstitution *Gaudium et spes* formuliert. Der programmatische Anfang dieser Pastoralkonstitution ist für die großstädtische Pastoral handlungsleitend. Er lautet: „Freude und Hoffnung, Trauer und Angst der Menschen von heute, besonders der Armen und Bedrängten aller Art, sind auch Freude und Hoffnung, Trauer und Angst der Jünger Christi. Und es gibt nichts wahrhaft Menschliches, das nicht in ihren Herzen Resonanz fände" (Gaudium et spes 1). Das „Anders Kirche-Sein in der Stadt" der lateinamerikanischen Großstadtpastoral setzt somit auf das kommunikative, solidarische, diakonische und humane Potential des trinitarischen Gottes.

5 Zum Schluss: Wegmarken des Anders Kirche-Sein in Megacities

Zum Schluss möchte ich stichwortartig zusammenfassen, was aus Sicht der lateinamerikanischen Großstadtpastoral eine adäquate Form von Kirche-Sein in Megastädten für die einzelnen Gläubigen und für die Kleriker zu bedeuten hat.
Anders Kirche-Sein in Mega-Cities heißt,
- sich permanent in einen missionarischen Aufbruch versetzen;

- mit den Stadtbewohnerinnen und Stadtbewohnern vorurteilsfrei in Dialog treten und ihre diversen urbanen Lebensräume in entsprechender Weise als „Wohnorte Gottes" anerkennen;
- die Partizipation von Laien als Subjekte der Verkündigung fördern;
- die Inklusion von Gläubigen ermöglichen, die nicht dem typischen Profil von Kirchgängern entsprechen. Das setzt voraus, dass man mit der Inkulturation des Wortes Gottes in der Multikulturalität der Stadt und in den urbanen Lebensstil-Kulturen rechnet;
- die traditionellen pastoralen Bahnen verlassen und aufbrechen zu neuen, kreativen und dezentralen Formen großstädtischer Pastoral;
- neue, urbane Kirchengemeinschaften gründen, die versuchen, mit dem urbanen Lebensstil der verschiedenen Altersgruppen, Milieus und sozialen Gruppierungen in Resonanz zu gehen;
- ein neues, urbanes Priesterbild kultivieren.

Literaturverzeichnis

Aparecida. 2007. *Schlussdokument der 5. Generalversammlung des Episkopats von Lateinamerika und der Karibik*, 13.–31. Mai 2007, hg. v. Sekretariat der Deutschen Bischofskonferenz. Bonn: Libreria Editrice Vaticana.

Bravo, Benjamín. 2013. *Cómo hacer Pastoral Urbana?*. Mexico D.F.: San Pablo.

Bravo, Benjamín. 2013. „Conclusión." In *Cómo hacer Pastoral Urbana?*, hg. v. Benjamín Bravo, 257–259. Mexico D.F.: San Pablo.

Eckholt, Margit. 2013. „Pentekostalisierung des Christentums? Zur Rekonfiguration der religiösen Landkarte in Lateinamerika." *Stimmen der Zeit* 138: 507–520.

Fadanelli, Guillermo J. 2006. *Das andere Gesicht Rock Hudsons*. Berlin: Matthes & Seitz (Original: La otra cara de Rock Hudson, Mexiko D.F. 2000).

Fadanelli, Guillermo J. 2010. „Megacity Mexico-Stadt. Eine harte verlockende Droge." *Süddeutsche Zeitung*, 19. Mai 2010. https://www.sueddeutsche.de/kultur/megacity-mexiko-stadt-eine-harte-verlockende-droge-1.897253-2 (letzter Zugriff: 4. Februar 2021).

Gaudium et spes. 1965. *Pastorale Konstitution über die Kirche in der Welt von heute des Zweiten Vatikanischen Konzils*. http_www.vatican.va/?url=http%3 A%2F%2Fwww.vatican.va%2Farchive%2Fhist_councils%2Fii_vatican_council%2Fdocuments%2Fvat-ii_const_19651207_gaudium-et-spes_ge.html (letzter Zugriff: 18. Januar 2021).

Lassak, Sandra. 2014. „Sand im Getriebe". In *Neue Wege. Beiträge zu Religion und Sozialismus* 108: 82–85.

Lumen gentium. 1964. *Dogmatische Konstitution über die Kirche des Zweiten Vatikanischen Konzils*. http_www.vatican.va/?url=http%3 A%2F%2Fwww.vatican.va%2Farchive%2Fhist_councils%2Fii_vatican_council%2Fdocuments%2Fvat-ii_const_19641121_lumen-gentium_ge.html (letzter Zugriff: 18. Januar 2021).

Papst Franziskus. 2013. *Die Freude des Evangeliums. Das Apostolische Schreiben „Evangelii gaudium" über die Verkündigung des Evangeliums in der Welt von heute*. Freiburg-Basel-Wien: Herder.

Penilla, Benjamín Martínez. 2013. „Un vicario de pastoral en la urbe." In: *Cómo hacer Pastoral Urbana?*, hg. v. Benjamín Bravo, 201–211. Mexico D.F.: San Pablo.
United Nations Department of Economic and Social Affairs *(UN DESA)*. 2018. *World Urbanization Prospects 2018.* https://www.un.org/development/desa/publications/2018-revision-of-world-urbanization-prospects.html (letzter Zugriff: 18. Januar 2021).
Vietmeier, Alfons. 2015. „Die Zukunftsfähigkeit von Christsein und Kirchensein entscheidet sich in den grossen Städten! Denkanstöße aus mexikanischen Erfahrungen und Suchbewegungen." Unveröffentlichtes Paper am Großstadtpastoral-Kongress in Barcelona 2015.

Henrietta Grönlund
Searching for social cohesion in contexts of diversity and intertwining inequalities

The contributions and roles of European national churches

1 Introduction

Social cohesion can be defined in many ways (e. g. Manca 2012; Novy et al. 2012). This paper adopts a definition referring to social cohesion as the extent of connectedness and solidarity in society. This can be operationalized firstly, as the actual connectedness between individuals and communities: their interaction, relationships, and integration in society. Secondly, social cohesion can denote a more subjective sense of belonging and trust in others and society, and thirdly, feelings and acts of solidarity. Churches have traditionally promoted all of these in European contexts. Especially European national churches have fostered a common, national identity and provided a key meaning system and practices for solidarity with their teachings, norms and operation. Today European countries, and especially cities are, however, increasingly diverse and secularizing. Exclusion, intertwining inequalities and segregation are challenging both social cohesion and the traditional roles of national churches.

I will in this paper discuss the roles of European national churches in the social cohesion of today's European cities. Obviously, writing about 'European national churches' requires rather harsh generalizations as there is no homogenous entity of European national churches. Rather, as religion is always contextual, national Churches reflect the histories and cultures of their contexts, resulting in very large variety, for example, in the societal positions and roles of churches in different European countries and their cities. Furthermore, churches are not monoliths, but include a variety of actions, interpretations, and dynamism within one nation, one church and even within one parish or congregation. However, there are similarities between European national churches, the challenges they face in today's European cities, and their changing roles in the religiously diversifying European contexts.

2 The old and new roles of national churches in fostering a sense of belonging and trust

European national churches have historically promoted social cohesion through their official statuses, high membership rates, and homogenous national identities (e.g. Storm 2011). Today, however, many of the official statuses, privileges, and roles of previous state churches and national churches have been and are being shed as different sectors of societies have become increasingly separated (e.g. Dobbelaere 2002; Pickel et al. 2012). Also, religious diversity and un-religion have become increasingly common in European countries (e.g. Woodhead 2017). Practices which have previously fostered and reproduced a common identity, such as the visibility of religion in schools, have to be altered to ensure equality of world views (e.g. McGoldrick 2011). This development is highlighted in cities as contexts of diversity and usually also highest secularization.

However, this does not mean that religion is today irrelevant in national identities. We often tend to overexaggerate the speed with which things change, and the roles of national churches in the history and cultures of European countries continue to be undeniable, even if sometimes unrecognized (e.g. Davie and Dinham 2019; Sinnemäki et al. 2019). The legacies of different national churches continue to influence attitudes, values, and societal structures in many European societies. They intertwine with the histories of European countries, their collective memories, traditions, and rituals, which continue to shape many practices and self-understandings. It is also noteworthy that the membership rates in many European national churches, even if declining, are still relatively high. National churches continue to be central in national identities, explicitly and implicitly, and they can foster a strong sense of national and societal belonging, albeit also not-belonging and exclusion (e.g. Fleischmann and Phalet 2018; Storm 2011) – thus, both the positive and the negative sides of social cohesion. In the current reality of increasing religious diversity (as many times in history), religion is also used in discriminatory ways. Christian legacies are used in national identity projects and opposing, for example, immigration and especially Islam (e.g. Storm, 2011).

'Religiously neutral' or secular urban space are sometimes seen as solutions for such developments and risks of exclusion. However, hiding religion from public life does not provide equality of world views or automatically generate feelings of inclusion but means the domination of a secular world view and the exclusion of religious ones. This can again enhance in-group – out-group developments and contradictions. It is also noteworthy that although 'religious neutrality' is often argued with the rights of minority religions, they are usually restrained more than majority religions in such attempts (Burchardt and Becci 2018).

At the same time as the traditional role of national churches in fostering national identities carries on, also in ways that threaten social cohesion from the viewpoint of other world views and minority religions, Churches can adopt also new roles in promoting trust and a sense of belonging between world views. As diversity through immigration, hard-to-reach minorities, and even the threat of extremism increase, they can actually increase the demand for the work of faith-based operators, including national churches (Cloke et al. 2013). Religion can become an asset, which can build trust and belonging better than secular state or city officials who often also represent the above discussed viewpoint of 'religiously neutral' urban space or modes of operation, and restrict the operation of religion in urban space and public life. As mentioned above, 'religious neutrality' often means the domination of secular world views or restricts the operation of minority religions more than traditional majority religions (Burchardt and Becci 2018), and does not necessarily add trust in officials in religiously diverse contexts and among religious minorities. But churches and other faith-based operators, who also have a religious basis, can have better capacity to understand, communicate, and cooperate with minority religions, and also have access to groups that city or state officials do not reach. In this sense, they can add to reciprocal trust and sense of belonging especially in religiously diverse settings, and also build dialogue and trust between different groups and public officials.

Furthermore, a sense of belonging and trust are in many urban (and other) contexts challenged especially by inequalities and exclusion. Religion is central in these challenges as one aspect of inequality, which also often intertwines with other inequalities related to, for example, ethnicity, socio-economic status, and gender (e.g. Bibi et al. 2019). But religion can also be an asset and source of strength and support. Churches can provide community, identification, a sense of belonging, and agency and motivation to influence inequalities (e.g. Dilger et al. 2020). In addition to their own members, national majority churches can use their societal positions to advance equality and belonging, and also the rights of all religions and their adherents in urban space and practices. Such public theologies often emphasize also dialogue, openness, and societal participation of all actors, including those representing other religions (e.g. Kim 2017).

In general, the diversity, dynamism, and global connectedness of urban contexts also provides vitality and creativity both to the religious field and the field of political action and social services (e.g. Emerson and Knight Johnson 2018), creating also new ways for national churches to promote sense of belonging and trust. In continuously secularizing and diversifying urban environments national churches, and religion more broadly, does not only remain but can reemerge as a potent repository for political ideas and cultural imagination in many ways (e. g. Habermas 2005).

3 Resources and challenges in working for social justice, equality, and social cohesion

As mentioned above, social cohesion is in many urban (and other) contexts challenged especially by inequalities. To promote a sense of belonging, trust, solidarity, and connectedness, also inequalities must be battled, and many national churches have a rather unique position and opportunity for this. They are equipped with a role between the state (stemming from the above discussed historical and societal position) and the people / civil society (stemming from their modes of operation and core values). This dual role offers them opportunities to create partnerships with and dialogue between public authorities (city and state officials), civil society, local people, and local communities of different faiths and beliefs (e. g. Cloke et al. 2013). Through this national churches also have access to influence societally, and act as a critical voice in a political role (e. g. Casanova 1994). Thus, religion becomes public in new ways, which can also promote democracy and criticize and influence injustices.

National churches, despite their changing statuses and declining membership rates, often still have many resources to work on different frontiers and have impact. The availability of buildings, employees, organizational structures, volunteers, and a propensity for altruistic and prosocial actions together with their norms, values and dogma, offer national churches capabilities and justification for such work (e. g. Cloke et al. 2013). All of this together with the exceptional position and legacy of European national churches offers them very significant potential to operate in questions of social justice and social cohesion both at a practical and also at a political level.

The current situation of weakening welfare states in many European countries highlights the role of national churches even further, as they at the practical level patch up public services and are often called to collaborate as partners of the city or state in many urban challenges and questions of inequality. In many European societies, national churches continue to be trusted operators in questions of justice and social work, also among those who represent a different world view (e. g. Pessi and Grönlund 2012; Grönlund and Pessi 2017). The weakening of welfare states, and the role of Churches as the collaborators of city and state officials can however also include risks, as churches can become 'puppets' of neoliberal politics. As partners and collaborators of public officials they can refrain from criticizing unjust politics and operations. Or, by patching up public services, in a sense justify their decline and the inequalities neoliberal politics produce, instead of proactively influencing them. For example, in many European societies, food assistance is carried out by religious actors, often in collaboration with the EU, state, and / or cities (e.g. Salonen and Silvasti 2019). While this work is undoubtedly important, it can also be criticized for taking care of the consequences of poverty instead of influencing its societal causes. Also, as food assistance often intertwines with surplus food, it can be viewed as a means to justify excess food production instead of developing sustainability. However, as mentioned above, churches can also question the principles by which market functions, challenging the neoliberal developments in many contexts (e.g. Casanova 1994, 2001). Indeed, in many cases national churches balance between solidarity and criticism with also different opinions and emphases within churches.

Today European national churches balance also with many other changes challenging their role in work for social cohesion and social justice, such as the strong call of today's world to understand intertwining inequalities, expressed for example by the me too and Black lives matter movements. National churches are large organizations with often complex organizational structures and slow processes of decision making, which means they change slowly. And change is, of course, also resisted. As mentioned above, Christianity is also used in discriminatory ways, in nationalistic rhetoric, xenophobia, and misogynism. Also the history of many national churches related to colonialism, and the current conflicts related to the roles and positions of women, and sexual and gender minorities challenges their credibility in questions of equality and justice. This history and current conflicts can be viewed contradictory to the churches' teachings and work for equality, justice, and solidarity (e.g. Page and Yip 2017). This criticism is especially strong among young generations. For example, in Finland especially young women who also often hold questions of equality important, are resigning from traditional religiosity despite their interest in spirituality. This has been interpreted to reflect their criticism towards the experienced inequality of the Evangelical-Lutheran Church of Finland, for example, in the question of same sex marriage, which has been widely debated in the media during the last years (Ketola 2020). Similarly, in the UK, young adults view gender-unequal practices within their religious cultures as an aberration from the essence of religion (Page and Yip 2017).

4 The changing roles of national churches in fostering solidarity and prosocial behavior

Religion has been and continues to be a key factor motivating solidarity and predicting volunteering, giving, and other forms of pro-social behavior. This builds on the central legacy of religions in the history of human compassion and social engagement (Cnaan et al. 2016; Grönlund and Pessi 2015). Work among those who need help, and the foundation for helping those in need can be found in all world religions and their texts. Behaving ethically, not harming others, exhibiting charitable behavior, and seeking out justice are essential in most religions, and religions encourage pro-social behavior with their values, norms, practices, and also social pressure (Cnaan et al. 2016; Grönlund 2021). This has certainly been the case also in European contexts and European national churches despite the fact that religion and churches have also intertwined with violence and injustice in many ways in the history of Europe.

Psychological, social and societal factors all seem to explain the role of religion in prosocial behavior (e.g. Cnaan et al. 2016), but especially attending places of worship and active membership in a religious community are connected with volunteering and pro-social behavior both in and outside religious communities (Grönlund and Pessi 2015; Paxton et al. 2014; Wiepking and Bekkers 2012). Furthermore, the influence of religion seems to spread beyond the religious individual through social ties. This so-called spill-over effect means that the more friends an individual has within a religious congregation, the more likely he or she is to volunteer (e.g. Lim and McGregor 2012). In contemporary Europe, this dimension of religion is nevertheless changing, as religious participation and commitment become less common. In European (and more broadly in highly industrial) countries each generation appears to be less religious than the one before with most indicators (e.g. Niemelä 2011; Pickel et al. 2012), and the explicit role of religion or the church in identities becomes less common. Although secularization has not happened as linearly or straightforwardly as assumed earlier and also contradictory signs of religious vitalism and dynamism can be observed, churches do have less access to new pools of volunteers and less normative power to motivate altruistic and prosocial behavior such as philanthropic giving.

At the same time, commitment to any pro-social behavior is changing. Short term, infrequent participation is gaining popularity among volunteers, and self-organized civic engagement is increasing as social media helps people organize their prosocial activities without formal organizations. The organizational approach and normative power of religion to foster commitment to prosocial behavior is thus changing (Hustinx et al. 2015).

Despite these developments, it seems that many European churches still have strong power to motivate and foster prosocial behavior and societally maintain the ethos of solidarity and altruism. The churches' language of 'love for one's neighbor' is still recognized even in many ways secularized, religiously illiterate or individually spiritual contexts. Societal influencing as well as practical work among social challenges is expected from European churches by members and non-members of churches alike (e.g. Bäckström and Davie 2010), and churches are vital places for volunteering and giving. It seems this role and the core values of national churches in promoting solidarity and compassion maintain despite the changes in individual religiosity and the official societal positions of national churches. For example, in Finland, people view the motives of churches in social work as very altruistic, even more so than those of other non-profit, non-governmental organizations, whose motives are viewed somewhat more cynically (Grönlund and Pessi 2017).

Such attitudes are a central asset also for churches in maintaining their role in motivating and fostering prosocial behavior. They make churches attractive places for prosocial behavior such as volunteering. Many who are not active church-members otherwise, can carry out their solidarity, altruistic motivation or individual spirituality connected with such values in church volunteering. National churches are viewed as trustworthy organizations in this field and they offer many opportunities to volunteer. Church volunteering can become an act of individual belief or search for meaning in the time of self-reflection (Grönlund 2011; Hustinx et al. 2015). Thus, the earlier normative power of churches to foster pro-social behavior shifts to a softer, individually oriented choice, supported by national churches' roles of altruism and solidarity in European societies.

At the same time these high expectations regarding the values and actions of churches in questions of altruism and solidarity are also one reason behind criticism towards churches in questions of equality, as discussed above. People react exceptionally strongly to violations of justice, equality, and compassion in the operations and teachings of churches as more is expected of them. This value conflict is a central challenge for the ability of churches to attract (especially young) people in their prosocial activities and motivate and foster acts of solidarity.

Again, it is also noteworthy to remember that European national churches continue to have many devoted people in their sphere of influence, and the power of religion remains rather unique in motivating prosocial behavior. Personal faith with its extensive role in identity, values, and emotions, as well as the influence of religious community with its teachings, norms, needs, and sometimes social pressure together form an exceptionally strong cocktail of motivation and opportunities for prosocial behavior such as volunteering and philanthropic giving (Grönlund 2011, 2012). As a result, religiously active individuals, for example, donate more to both religious and secular causes in many contexts (Grönlund and Pessi 2015). Thus, even if the religious commitment of many weakens, those who remain committed to religion and religious communities, including national churches, often remain exceptionally committed to prosocial behavior as well.

5 Conclusions

The roles of churches in promoting social cohesion in European cities inevitably change with diversity of world views and declining memberships. However, we often tend to overexaggerate these changes, and omit the continuing legacies of European national churches in promoting a sense of belonging, connectedness, and solidarity. Indeed, at the moment national churches need to balance between their traditional roles and new, inclusive roles in increasingly diversifying contexts.

But this balancing between old and new roles can also become an asset. European national churches have a unique position because of their history, yet they can also, due to the religious basis of their work, sometimes operate in religious diversity and communicate better with religious minorities than 'religiously neutral' officials who can lack religious literacy and promote secular public life. The roles of national churches in providing social cohesion and post-secular ethics can be exceptional as 'religious neutrality' raises worries and challenges among religious minorities. Furthermore, their roles close to public power and city and state officials, and at the same time close to local people, communities, and civil society, offer them means to operate, influence, and communicate at many levels. They also often have the resources for this. And the basic values and norms of national churches build a strong ground for promoting social cohesion. These values and norms are still recognized and appreciated by many Europeans despite their church membership or the lack of it, further reflecting the societal positions of national churches in maintaining important, shared values.

To conclude, in order to promote social cohesion in increasingly diverse contexts of intertwining inequalities, European national churches need to find a position balancing between their unique history in European societies and the new reality of being one of many world views and religious communities. Secondly, they need to find a position between the traditional role close to public power yet as a community for people, part of civil society. This also means, national churches need to balance between solidarity to and partnership with public officials and being a critical voice influencing their unjust politics. And thirdly, they need to find a strong commitment to their core values of inclusion and equality, while Christianity at the same time is also used to argue discrimination and exclusion.

I have in this paper sketched some viewpoints to the current and future roles of European national churches in promoting social cohesion in European cities. As mentioned in the introduction, the length of my paper has limited my opportunities to address important issues such as the differences between and diversity within European national churches, the diversity of European cities, the role of minority churches or religions, and the global viewpoints to churches, urbanization, and inequalities. Also, a further and important discussion on urban dynamics and social cohesion had to be omitted from the scope of this paper. While some generalizations can be made in the way that I have done in this paper, each national church and each urban context require detailed analysis to truly understand the nuanced, varied, and contradictory ways in which national churches intertwine with questions of urbanity, social cohesion, and inequalities at a local level.

References

Beaumont, Justin and Paul Cloke, Eds. 2012. *Faith-Based Organisations and Exclusion in European Cities*. Bristol: Policy Press.

Bibi, Rashida, Suriya Nayak and Rachel Robbins. 2019. "Gendered Islamophobia: Intersectionality, religion and space for British South Asian Muslim women." *Intersectionality in Social Work* 1: 63–76.

Burchardt, Marian and Irene Becci. 2014. "Introduction: Religion Takes Place: Producing Urban Locality." In *Topographies of Faith: Religion in Urban Spaces,* ed. by Irene Becci, Marian Burchardt and José Casanova, 1–21. Leiden: Brill.

Bäckström, Anders and Grace Davie. 2010. *Welfare and Religion in 21st Century Europe.* Volume 1. Aldershot: Ashgate.

Casanova, José. 1994. *Public Religions in the Modern World.* Chicago: University of Chicago.

Casanova, José. 2001. "Civil Society and Religion: Retrospective Reflections on Catholicism and Prospective Reflections on Islam." *Social Research* 68: 1041–80.

Cloke, Paul, Justin Beaumont and Andrew Williams. 2013. *Working Faith. Faith-Based Organisations and Urban Social Justice.* Milton Keynes: Paternoster.

Cnaan, Ram, Siniša Zrinščak, David H. Smith, Henrietta Grönlund, Ming Hu et al. 2016. "Volunteering in Religious Congregations and Faith-Based Associations." In *Palgrave Handbook of Volunteering, Civic Participation, and Nonprofit Associations.* Palgrave Macmillan, 472–494.

Davie, Grace and Adam Dinham. 2019. "Religious literacy in modern Europe." In *Religious literacy, law and history. Perspectives on European pluralist societies,* ed. by Alberto Melloni and Francesca Cadeddu, 17–28. London: Routledge.

Dilger, Hansjörg, Astrid Bochow, Marian Burchardt and Mathew Wilhelm-Solomon. 2020. "Introduction: Affective trajectories in religious African cityscapes." In *Affective trajectories. Religion and emotion in African city-scapes,* ed. by Hansjörg Dilger, Astrid Bochow, Marian Burchardt and Mathew Wilhelm-Solomon, 29–51. Durham and London: Duke University Press.

Dobbelaere, Karel. 2002. *Secularization: An Analysis at Three Levels.* Oxford: Peter Lang.

Emerson, Michael O. and Lenore M. Knight Johnson. 2018. "Soul of the City: The Depth of How 'Urban' Matters in the Sociology of Religion." *Sociology of Religion: A Quarterly Review* 79(1): 1–19.

Fleischmann, Fenella and Karen Phalet. 2018. "Religion and National Identification in Europe: Comparing Muslim Youth in Belgium, England, Germany, the Netherlands, and Sweden." *Journal of Cross-Cultural Psychology* 49(1): 44–61.

Grönlund, Henrietta. 2021, in press. "Empirical perspectives on religion and health justice: In Finland and across cultures." In *Faith Based Health Justice: Transforming Agendas of Faith Communities,* ed. by Ville Päivänsalo, Ayesha Ahmad, George Zachariah and Mari Stenlund. Minneapolis: Fortress Press.

Grönlund, Henrietta. 2011. "Identity and volunteering intertwined: Reflections from the values of young adults." *Voluntas* 22(4): 852–874.

Grönlund, Henrietta and Anne B. Pessi. 2017. "Suomen evankelisluterilaisen kirkon uusi julkinen rooli? Kansalaisten odotukset kirkon hyvinvointityölle". *Teologinen Aikakauskirja* 122: 116–133.

Grönlund, Henrietta and Anne B. Pessi. 2015. "The influence of religion on philanthropy across nations." In *The Palgrave Handbook of Global Philanthropy,* ed. by Pamala Wiepking and Femida Handy, 558–569. Basingstoke: Palgrave Macmillan.

Habermas, Jürgen. 2005. "Equal Treatment of Cultures and the Limits of Postmodern Liberalism." *Journal of Political Philosophy* 13(1): 1–28.

Hustinx, Lesley, Johan von Essen, Jacques Haers and Sara Mels. 2015. *Religion and volunteering: Complex, contested and ambiguous relationships.* Cham, Switzerland: Springer.

Ketola, Kimmo. 2020. "Uskonto ja kulttuurin muutos." In *Uskonto arjessa ja juhlassa. Suomen evankelis-luterilainen kirkko vuosina 2016–2019.* Kirkon tutkimuskeskus. Available at: https://julkaisut.evl.fi/catalog/Tutkimukset%20ja%20julkaisut/r/4112/view mode=previewview (accessed 10.1.2021).

Kim, Sebastian. 2017. "Mission's Public Engagement: The Conversation of Missiology and Public Theology." *Missiology: An International Review* 45(1): 7–24.

Lim, Chaeyoon, and Carol A. MacGregor. 2012. "Religion and volunteering in context: Disentangling the contextual effects of religion on voluntary behavior." *American Sociological Review* 77(5): 744–779.

Manca, Rita. 2012. "Social Cohesion." In *Encyclopedia of Quality of Life and Well-Being Research,* ed. by Alex Michalos. Dordrecht: Springer. Available at: https://doi.org/10.1007/978-94-007-0753-5_2739 (accessed 10.9.2020).

McGoldrick, Dominic. 2011. "Religion in the European Public Square and in European Public Life – Crucifixes in the Classroom?" *Human Rights Law Review* 11(3): 451–502.

Novy, Andreas, Daniela C. Swiatek and Frank Moulaert. 2012. "Social Cohesion: A Conceptual and Political Elucidation." *Urban Studies* 49(9): 1873–1889.

Page, Sarah-Jane and Andrew K.-T. Yip. 2017. "Gender equality and religion: A multi-faith exploration of young adults' narratives." *European Journal of Women's Studies* 24(3): 249–265.

Paxton, Pamela, Nicholas E. Reith and Jennifer L. Glanville. 2014. "Volunteering and the dimensions of religiosity: A cross-national analysis." *Review of Religious Research* 56: 597–625.

Pessi, Anne B. and Henrietta Grönlund. 2012. "Place of the church: Public sector or civil society? Welfare provision of the Evangelical-Lutheran Church of Finland." *Journal of Church and State* 4(3): 353–374.

Pickel, Gert, Detlef Pollack and Olaf Müller. 2012. "Differentiated Secularization in Europe: Comparative Results." In *The Social Significance of Religion in the Enlarged Europe: Secularization, Individualization and Pluralization,* ed. by Detlef Pollack, Olaf Müller and Gert Pickel, 229–255. New York: Routledge. Available at: https://doi-org.libproxy.helsinki.fi/10.4324/9781315552743 (accessed 10.9.2020).

Salonen, Anna S. and Tiina Silvasti. 2019. "Faith based organizations as actors in the charity economy: A case study of food assistance in Finland." In *Absolute Poverty in Europe: Interdisciplinary Perspectives on a Hidden Phenomenon,* ed. by Helmuth Gaisbauer, Gottfried Schweiger and Clemens Sedmak, 267–288. Bristol: Policy Press.

Sinnemäki, Kaius, Anneli Portman, Jouni Tilli and Robert H. Nelson, Eds. 2019. *On the Legacy of Protestant Lutheranism in Finland: Societal Perspectives.* Studia Fennica Historica, no 25. Helsinki: Finnish Literature Society.

Storm, Ingrid. 2011. "'Christian Nations'? Ethnic Christianity and Anti-Immigration Attitudes in Four Western European Countries." *Nordic Journal of Religion and Society* 24(1): 75–96.

Wiepking, Pamala and René Bekkers. 2012. "Who gives? A literature review of predictors of charitable giving ii – gender, marital status, income and wealth." *Voluntary Sector Review* 3(2): 217–246.

Woodhead, Linda. 2017. "The Rise of 'No Religion': Towards an Explanation." *Sociology of Religion* 78(3): 247–262.

Clemens Wustmans
„Stadt" und „Land" – im Fluss
Sozialethische Perspektiven auf Stadt-Land-Differenzen

1 Einleitung

Ohne Wortspielen in akademischen Texten allzu großen Raum geben zu wollen, ist es Anliegen dieses Beitrags, anhand dreier Perspektiven zu plausibilisieren, weshalb sich mit gewissem Grund die sozialräumlichen Phänomene von *Stadt* und *Land* als *im Fluss befindlich* beschreiben lassen. Für eine sozialethische Analyse bedeutsam erscheint es zur Entfaltung dieser These, zunächst eine gegenwärtige, zugleich wohletabliert-normative Perspektive nachzuvollziehen, sodann eine disruptive und schließlich eher grundsätzlich religionshistorische und vor allem theologische Dimensionen zu benennen.

Spricht man in der Sozialethik von Stadt und Land, so kommt man nicht umhin, mit der zentralen Kategorie zu beginnen, in der das Verhältnis dieser beiden Größen in gesellschaftlichen und gesellschaftspolitischen Debatten im Allgemeinen diskutiert wird: der Gleichwertigkeit der Lebensverhältnisse (2) im Hinblick auf gesellschaftspolitische Ansprüche, deren Umsetzung und möglicherweise Verschiebungen. Gegenwärtig als besonders einschneidend als solche erlebt wurden etwa seit März 2020 die Folgen der globalen CoVid19-Pandemie, insbesondere auch im Hinblick auf den Untersuchungsgegenstand des vorliegendes Textes; ein Narrativ, das es auf seine Gültigkeit hin kritisch zu prüfen gilt (3). Im Anschluss an diese, auf ihren Gehalt hinsichtlich sozialethischer Argumentationen hin befragten, materialen Orientierungen gilt es in einem letzten Schritt, Korrelationen mit religionshistorischen Befunden zur Stadt-Land-Thematik in den Blick zu nehmen und daraus Konsequenzen für das theologische, speziell das sozialethische, Arbeiten zum Thema abzuleiten (4).

2 Gleichwertige Lebensverhältnisse: Anspruch, Wirklichkeit, Verschiebungen

Das Motiv *gleichwertiger Lebensverhältnisse* gehört zum politischen Standardvokabular: Seit das Grundgesetz 1949 von dieser Programmatik ursprünglich als zu erreichenden *einheitlichen* Lebensverhältnissen gesprochen hat, wird in Politik und Gesellschaft darüber diskutiert, welche Grundleistungen der Daseinsvorsorge und welche flächendeckende Grundversorgung genau zu gewährleisten sind, um gleichwertige (nicht jedoch: identische) Lebensverhältnisse zu schaffen. Politische Diskussionen über regionale Entwicklungsunterschiede und deren politische Gestaltung, respektive deren Ausfall, haben in der Bundesrepublik Deutschland Tradition und bezogen sich auf unter anderem Gegensätze von Nord- und Süddeutschland, auf die sogenannten *Zonenrandgebiete*, seit der deutschen Einheit auf Disparitäten zwischen West- und Ostdeutschland – und immer wieder auf Unterschiede zwischen *Stadt* und *Land:* Laut Artikel 72 des Grundgesetzes hat der Bund gegenüber den Ländern den Auftrag, für die „Wahrung der Einheitlichkeit der Lebensverhältnisse" zu sorgen, 1994 verändert in „Herstellung gleichwertiger Lebensverhältnisse".

Eine erste Hochphase erlebte das Thema in den 1960er und 70er Jahren, vom Verfassungsrechtler Wolfgang Kahl als „Zeit der Gleichwertigkeitseuphorie" beschrieben und zugleich die Diskussion „als Teilphänomen einer allgemeinen Planungs- und Sozialstaats-Euphorie" (Kahl 2016, 1). In den frühen 1990er Jahren erlebte die Debatte in Konturierung hinsichtlich der Lebensverhältnisse in West und Ost eine Art Renaissance, wich sonst aber über die Jahrzehnte verstärkt gegenläufigen Leitideen wie der des Wettbewerbsföderalismus (Kahl 2016, 2). In jüngster Zeit nimmt das Thema jedoch wieder verstärkt Raum im politischen Diskurs ein. Beispielhaft verwiesen sei auf den Koalitionsvertrag für die 19. Legislaturperiode, mit dem sich CDU, CSU und SPD das Ziel „gleichwertiger Lebensverhältnisse im urbanen und ländlichen Raum in ganz Deutschland" zum Ziel gesetzt haben; Verweise auf dieses Ziel tauchen an vielen Stellen des Koalitionsvertrages auf. Die dort vereinbarte Kommission *Gleichwertige Lebensverhältnisse* unter Vorsitz des Bundesinnenministers hat im September 2018 ihre Arbeit aufgenommen. Bemerkenswert ist, dass das Instrument der Raumordnung bzw. das Raumordnungsrecht im aktuellen Koalitionsvertrag eher in der Rolle eines „Verhinderers" (Terfrüchte 2019, 25) gesehen wird, zumal gerade die Raumordnung in den Diskursen der 1960er/70er Jahre als *das* Instrument der Wahl gelten kann.

Die *Herstellung gleichwertiger Lebensverhältnisse* wird in Deutschland häufig als Staatsziel begriffen[1] und teils auch sozialethisch reflektiert, seit etwa zehn Jahren auch mit Bezug auf die Diskussion um *spatial justice*, etwa bei Martin Schneider, der thematisiert, „warum es für die Chancen des Einzelnen nicht un-

---

[1] So etwa die Ergänzung der Bayerischen Verfassung (durch Volksentscheid vom September 2013) um eine entsprechende Ergänzung als Staatsziel: „[Der Staat] fördert und sichert gleichwertige Lebensverhältnisse und Arbeitsbedingungen in ganz Bayern, in Stadt und Land." (Bayerischer Landtag 2013)

erheblich ist, wo der Einzelne aufwächst und lebt, und warum daher die räumliche Herkunft von sozialethischer Relevanz ist" (Schneider 2012, 634). Aus ethischer Perspektive sind gleichwertige Lebensverhältnisse eine der Voraussetzungen für individuelle Chancengleichheit, unabhängig vom Wohnort und garantiert durch das Sozialstaatsprinzip: Errungenschaften des Wohlfahrtsstaates – neben verkehrlicher Erreichbarkeit etwa die flächendeckende Versorgung mit Breitband-Infrastruktur als noch zur Realisierung ausstehendem Ziel – sollen als Voraussetzung für Teilhabe in allen Teilräumen zur Geltung kommen (ARL 2020, 2).

Es hat sich durchgesetzt, in diesem Zusammenhang anstelle einer vereinfachenden Gegenüberstellung von *Stadt* und *Land* von einem Stadt-Land-Kontinuum auszugehen; der Raumordnungsbericht des Bundesamtes für Bauwesen und Raumordnung etwa differenziert Zentral-, Zwischen- und Peripherräume, untergliedert jeweils nach vorhandenen Verdichtungsansätzen (Bundesamt für Bauwesen und Raumordnung 2005, 21). Doch nicht nur die klassische Unterscheidung zwischen *Stadt* und *Land*, auch Gegenüberstellungen von Verdichtungsraum und ländlichem Raum, wie sie in zahlreichen Raumordnungsplänen als (normative) Raumkategorien Bestand haben, erweisen sich nicht als vollumfänglich zielführend, zumal dann, wenn beide idealtypischen Raumkategorien in ihren strukturellen Eigenarten und spezifischen Herausforderungen antagonistisch verstanden werden. Manche Debatte in der durch die Bundesregierung eingesetzten Kommission reproduziert diese Dichotomie von Stadt und Land als Gegensatzpaar. Tatsächlich erweisen sich die Teilräume als weitaus heterogener, als mitunter in der öffentlichen Debatte benannt, in der mit einer gewissen Regelmäßigkeit Gegensätze zwischen Stadt und Land, aber etwa auch zwischen Ost und West betont und diese jeweils als homogene Einheiten behandelt werden (Terfrüchte 2019, 26).

Exemplarisch verweist der Raumplaner Thomas Terfrüchte darauf, dass immer wieder als Ziel benannt wird, den Wegzug aus ländlichen, dünner besiedelten Regionen zu verhindern und den Zuzugsdruck in dicht besiedelte Ballungsräume zu dämpfen (Terfrüchte 2019, 26).[2] Blickt man etwa auf das bevölkerungsreichste Bundesland, Nordrhein-Westfalen, so lässt sich der inhärent behauptete Kausal-

---

2 Kerstin Menzel verweist zudem darauf, dass der Begriff der *Peripherie* darüber hinaus zunächst ein beschreibender ist, der auf Lage und Besiedlungsdichte abhebt, in der Diskussion (vor allem um ostdeutsche ländliche Räume) jedoch sehr schnell mit Prozessen der *Peripherisierung* verknüpft wird, also einem dynamischen Prozess wirtschaftlicher und gesellschaftlicher Abkopplung. Sie untersucht diesen Prozess des ländlichen Rückbaus von Strukturen für kirchliche Kontexte (speziell in Ostdeutschland) und plädiert anstelle einer überdeutlichen Defizitorientierung für die notwendig gebotene Entwicklung neuer Konzepte, die allzu destruktive Nostalgie durch Zukunftsorientierung ablösen helfen (vgl. insgesamt Menzel 2019).

zusammenhang zwischen der Einwohnerdichte einer Region und ihrer Wirtschaftskraft jedoch nicht nachvollziehen: So steht das deutlich dünner besiedelte Südwestfalen wirtschaftlich weitaus besser da als der Großteil des überaus dicht besiedelten Ruhrgebiets (Terfrüchte 2019, 27).

Konkret bedeutet dies auch, dass das Ruhrgebiet als Region selbstverständlich weiterhin vor großen strukturpolitischen Herausforderungen steht, während eine Gefährdung der wohnortnahen Daseinsvorsorge (wie in Teilen Ostdeutschlands, im Bayerischen Wald oder in Nordhessen als Problem angezeigt) aus raumplanerischer Perspektive absehbar als ausgeschlossen gilt. So „gibt es im Ruhrgebiet Mittelzentren, die aufgrund des bisherigen Überangebots (fast jede Stadt ist dort Mittelzentrum) in ihrer Tragfähigkeit gefährdet sein könnten, daraus aber eine Gefährdung der Daseinsvorsorge und damit auch gleichwertiger Lebensverhältnisse abzuleiten, scheint wenig überzeugend" (Terfrüchte 2019, 27). Die Unterscheidung zwischen *Stadt* und *Land* in ihrer Relevanz für die Realisierung gleichwertiger Lebensverhältnisse ist also – *im Fluss*. Deutlich stärker müsste vor diesem Hintergrund umgesetzt werden, was in der Sprache der Raumplanung als Verlagerung von der Input- zur Outcome-Orientierung (Terfrüchte 2019, 28) bezeichnet wird, in der Sprache der Sozialethik: eine Orientierung an Vorstellungen vom Guten.[3]

Zugleich gilt: Wenn die Schaffung gleichwertiger Lebensverhältnisse nicht auf ein flächendeckendes Maximum abzielen kann, so benötigt sie doch Mindeststandards hinsichtlich der Daseinsvorsorge. Nur durch Mindeststandards kann ein realistisches und gesellschaftlich akzeptiertes Maß an Gleichwertigkeit definiert werden. Gegenwärtig gibt es in Bund und Ländern nur wenige Politikbereiche, in denen solche Mindeststandards definiert werden, beispielsweise im Gesundheits- und Bildungswesen (ARL 2020, 4). Das Ziel solcher Standards wäre territoriale Kohäsion, zumindest in ihrer minimalen Ausprägung, da die Ambivalenz ausbleibender Präzision in der Beschreibung *gleichwertiger Lebensverhältnisse* oder deren Konkretion zu gewährleistender Infrastruktur- und Da-

---

[3] Torsten Meireis entfaltet ein Verständnis von ethischen Einsichten als „Artikulationen des Guten" (Meireis 2008, 229) als Grundlage einer theologischen Ethik als Handlungslehre des Glaubens, wobei *Lehre* nicht als autoritative Instanz zu verstehen ist, sondern eine wissenschaftliche Disziplin „im Dienst an den Glaubenden und seiner Reflexion verpflichtet" (Meireis 2008, 230) meint. Während Vorstellungen vom *Guten*, „Bilder guten Lebens", solche Regeln meinen, die weltanschaulich voraussetzungsreich sind, weil sie in Überzeugungen einer bestimmten Religion, Kultur, Weltanschauung oder Gemeinschaftszugehörigkeit wurzeln, respektive in diesen bereits enthalten sind, meinen abgrenzend dazu Vorstellungen vom *Richtigen* verallgemeinernd-koordinierende Regeln, die transpartikular gesamtgesellschaftliche Gültigkeit beanspruchen (Meireis 2008, 240).

seinsvorsorgeangebote zugleich Raum für regionalspezifische und kulturelle Diversität eröffnet, wie sie staatliche Handlungspflicht minimiert (Simmank 2020, 195). Dass solche Mindeststandards – und vor allem auch der Korridor, in welchem Ausmaß Unterschiede dahingehend gesellschaftlich zu tolerieren sind – aber immer normativ sind, also abhängig von einer Vorstellung vom Guten, das es zu erreichen gilt, bedeutet zugleich, dass dahingehende Urteilsbildungen immer auch relativ sind in dem Sinne, dass sie unter veränderten gesellschaftlichen Bedingungen höchst unterschiedlich ausfallen können. Dies zeigt ein Blick auf die konkrete Gegenwart der Jahre 2020 und 2021, in denen sich nahezu sämtliche Lebensbereiche als durch die CoVid19-Pandemie determiniert zeigten und zum Zeitpunkt der Entstehung dieses Textes – am Schreibtisch im *Homeoffice* – noch zeigen.

3 Plötzlich alles anders? Stadt-Land-Differenzen vor dem Hintergrund von CoVid19

In einem – zumindest für europäische Kontexte – lange Zeit kaum vorstellbaren Ausmaß hat die CoVid19-Pandemie nahezu sämtliche Bereiche des Alltagslebens verändert, wie sie auch politisches und ökonomisches Handeln in ungekanntem Ausmaß beeinflusst. Die radikale Infragestellung lebensweltlicher Normalität umfasst in mehreren Hinsichten auch (normative) Perspektiven auf das Verhältnis von *Stadt* und *Land*, zumal bereits vor Ausbruch der Pandemie urbane und ländliche Lebensweisen in der Stadtsoziologie durchaus als angeglichen beschrieben wurden; wo Lebensstile in Dorf und Stadt historisch durch ökonomische, politische und kulturelle Unterschiede gekennzeichnet als gesellschaftliche Gegensätze charakterisiert wurden, seien diese durch Prozesse von Individualisierung und Digitalisierung, nicht zuletzt auch Globalisierung, längst angeglichen, so dass der Wohnort nicht mehr über individuelle Lebensweisen bestimme (Simmank 2020, 202).[4]

---

4 Im Horizont theologischen, respektive religionsreflexiven Nachdenkens lohnt in diesem Zusammenhang die enorme Bandbreite der Beobachtungen zu kirchlichen Praxen, in Bezug auf die CoVid19-Pandemie und ihre Auswirkungen, wie auf die generelle Stadt-Land-Dichotomie: Wo etwa Philipp Stoellger einen historisch nie dagewesenen „religiösen shutdown der Kirchen" (Stoellger 2020, 15) beobachtet und digitale kirchliche Angebote vorrangig als defizitär beschreibt (Stoellger 2020, 28), hinterfragt etwa Frederike van Oorschot nicht nur die Engführung der Betrachtung auf Gottesdienste, die andere Formen kirchlichen Handelns und Lebens weitgehend außer Acht lässt (van Oorschot 2020, 74). Zugleich widerspricht sie einem zwangsläufig defizitären Erlebnis kirchlicher Praktiken im virtuellen Raum (van Oorschot 2020, 76). Bereits 2016 hat

Die massiven Eingriffe in gewohnte Freiheiten, weite Teile als alltäglich eingeübter Normalität und vor allem auch die Mobilität unter virologisch-epidemiologischen Paradigmen führten zu einer raschen Potenzierung dieser Tendenzen. Viele Aspekte der *neuen Normalität* wären noch im Jahr 2019 kaum glaubhaft zu vermitteln gewesen: Die Verpflichtung von Arbeitgeber:innen, grundsätzlich das Arbeiten im Homeoffice aus Gründen des Infektionsschutzes anzubieten und damit verbundene Verschiebungen zeigten rasch und zumindest kurzfristig Konsequenzen für unsere Ansprüche etwa an relevante Angebote im nahen Umfeld der Arbeitsstätte – indem sie vielerorts entfielen.

Früh erweckten (geistes- und gesellschaftswissenschaftliche) Publikationen den Eindruck, die durch CoVid19 erzwungenen Verhaltensänderungen könnten langfristig verschieben, was als selbstverständlich oder nur möglich gilt, was mit Bedeutung aufgeladen wird, welche Maßstäbe gelten (vgl. etwa Stoellger 2020, 15; 26). Es gilt wohl tendenziell vor voreiligen Behauptungen bleibender *neuer Normalität* zu warnen – zumal etwa die exemplarische mehr oder weniger schöne neue Welt des *Homeoffice* eher eine gesellschaftliche Elitenperspektive darstellt und keineswegs für alle gilt, respektive in Dienstleistungs-, Pflege- oder Industrieberufen kaum darstellbar ist. Florian Höhne hat mit Recht darauf hingewiesen, dass Krisendenken, gerade auch im Hinblick auf ethische Fragen, stets zur Selbstüberschätzung neigt – es ist eben keineswegs *immer* angezeigte Vorzugswahl, was sich in der Ausnahmesituation der Krise unter sehr speziellen Bedingungen als verantwortliches Handeln zeigen mag (Höhne 2020). Und so gilt es auch für die konkrete Situation der CoVid19-Pandemie einzuwenden, dass unter deren außergewöhnlichen Bedingungen, in denen es gilt, physische Kontakte um des Infektionsschutzes willen möglichst zu reduzieren und unter denen vollbesetzte Büros (oder Hörsäle) als hygienisch verantwortungslos zu charakterisieren wären, der Videokonferenz und dem Homeoffice der Vorzug gegeben sein mag. Nach Eindämmung der Pandemie können und müssen jedoch soziale Parameter ins Feld geführt werden, die für Arbeit und andere Zusammenkünfte in wieder

---

Anna Neumaier in einer umfassenden empirischen Studie die speziellen medialen Eigenschaften des Internets im Wechselspiel mit religiöser und religionsbezogener Mediennutzung untersucht und auf das Potenzial von Umnutzungen und Aneignungen, aber auch bleibende Ambivalenzen verwiesen (Neumaier 2016, insb. 421–423); abschließend sei exemplarisch auf Jonathan Kühn verwiesen, der christliche Verkündigung seit den paulinischen Briefen originär als nicht an Zeit und Raum gebunden versteht und gemeindepädagogischen Potenzialen im Internetzeitalter nachspürt (Kühn 2020, 108) sowie auf Alexander Höner, der Kirchengemeinden – gänzlich losgelöst von virtuellen Räumen und auf real existierende Parochien bezogen – auch in der Großstadt ein nahezu dörfliches, örtlich klar umgrenztes Verbundenheitsgefühl attestiert, das, mit allen Vor- und Nachteilen, mit dem Stadtteil oder *Kiez* identifiziert wird (Höner 2017, 203).

weitaus größerem Ausmaß unter Präsenzbedingungen sprächen, auch, wenn dafür Verkehrswege anfallen – als regulärer Pendelweg zwischen Wohnung und Arbeitsstätte, wie etwa auch für Dienstreisen –, deren kurzfristiger Wegfall unter ökologischen Aspekten durchaus begrüßenswerte Folgen zeigte.

Gleiches gilt für normative Vorstellungen vom Flächenverbrauch in Innenstädten; entgegen erster euphorischer Visionen zu Beginn der Pandemie, Konzerne würden fortan und dauerhaft weitestgehend auf Präsenzarbeit verzichten und innerstädtische Immobilienmärkte sich in der Folge entspannen, zeigt sich auch hier die Selbstüberschätzung des Krisendenkens: Auch die CoVid19-Pandemie konnte den Immobilien-Boom nicht stoppen, im dritten Quartal des Jahres 2020 zogen die Preise für Häuser und Wohnungen gar in einem Ausmaß an wie zuvor seit Jahren nicht. Zudem betrifft dies nach wie vor die größten deutschen Metropolen, zugleich lassen sich die größten Zuwächse jedoch in mittleren Großstädten nachweisen, die Anstiegskurve der Mietpreise vor allem auch in den „Speckgürteln" (Feld u. a. 2020). In Konsequenz gilt es also, fein auszutarieren zwischen dem Nachdenken in Zeiten der Krise, das sich allzu gern selbst überschätzt, indem es die erlebte Gegenwart vorschnell zum neuen Paradigma erhebt, und tatsächlich möglichen *Gelegenheitsfenstern*.

Neben der Gewährleistung gleichwertiger Lebensverhältnisse in den Teilräumen der Bundesrepublik Deutschland liegt eine zweite zentrale Leitvorstellung der Raumordnung in einer *nachhaltigen* Raumentwicklung (Terfrüchte 2019, 24). Beides – Teilhabegerechtigkeit und Ethik der Nachhaltigkeit – kann durchaus gelingend zusammen gedacht werden: Manche der den virologischen Notwendigkeiten oder der daraus resultierenden ökonomischen Not entspringende Maßnahme kann ja unter Nachhaltigkeitsgesichtspunkten, respektive zumindest deren ökologischer Dimension, durchaus wünschenswert sein, etwa drastisch reduzierte Mobilität, und es wäre eine mögliche Formulierung einer normativen Vorstellung vom Guten, jenseits der Krise nicht einfach zum status quo ante zurückzukehren. Auch scheint es angezeigt, in jüngster (präpandemischer) Zeit politisch geförderte Maßnahmen wie die *Eventisierung* oder zunehmende *Touristification* des Raums, speziell städtischer Metropolen, nach der radikalen Unterbrechung angesichts von CoVid19 nicht möglichst rasch wiederaufzunehmen, sondern auf ihre Folgen für die Teilhabe verschiedener Gruppen am Raum zu befragen und gegebenenfalls unter dem Gesichtspunkt der Verteilungsgerechtigkeit einzuhegen (Pohl 2019, 174–175).

Zugleich offenbart die Gegenwart unter Pandemiebedingungen unmittelbar *neue* Ungleichheiten: War das Penthouse in Manhattan noch bis vor kurzem das, zumindest hinsichtlich des Quadratmeterpreises bezifferte, wohnräumliche Nonplusultra, kann man sich unschwer vor Augen führen, dass New York City ohne all das, was speziell diese Stadt als Lebensstil ausmacht, alles andere als ein erstrebenswerter Wohnort ist: Ohne Restaurants, ohne Bars, Theater oder auch den *lifestyle* einer überfüllten U-Bahn kann man leicht zu der Frage gelangen, weshalb man absurd anmutende Mietpreise zahlt, anstatt Homeoffice und tagefüllende Videokonferenzen nicht wenigstens in einem Haus auf dem Land zu führen, wo verbliebene Möglichkeiten der Freizeitgestaltung, etwa das Spazierengehen, ebenso attraktiver erscheinen wie *social distancing* einfacher. Auch die Bevölkerungszahl einer Metropole wie London etwa schrumpfte im Jahr 2020 um nahezu 700.000 (Der Spiegel, 15.01.2021).

Als Parameter für Ungleichheit der Lebensumstände erschließen sich dann also auch in diesem Zusammenhang verstärkt Aspekte, die quer zur Stadt-Land-Differenz laufen und Stadt und Land *im Fluss* verorten: Daseinsvorsorge bedeutet dann nicht nur oder zumindest in weit geringerem Maß die Abwägung, welche Einrichtung – ob Bäckerei, Praxis oder Büro – man in welcher Zeit und mit welchen Verkehrsmitteln erreichen kann, sondern beispielsweise die Leistungsfähigkeit des Breitband-Anschlusses – denn dieser ist entscheidend für manche Formen des Arbeitens und Studierens, des Einkaufs oder des abendlichen Serienkonsums. Auch, wenn in globaler Betrachtung angesichts des Bevölkerungswachstums aus Nachhaltigkeitsperspektiven keine Alternativen zur Urbanisierung bestehen, ohne durch massive Zersiedelung und Flächenverbrauch den ökologischen Kollaps endgültig zu besiegeln, und auch wenn man die Frage nach einem (moralischen) *Recht auf urbanen Wohnraum* durchaus stellen kann (vgl. Wustmans 2020) – dennoch scheint der idyllische Topos vom Leben außerhalb der Stadt *als Privileg* (unter bestimmten Umständen) durchaus präsent. Gerechtigkeitsfragen löst diese Verschiebung freilich nicht – so wird urbanes Wohnen für viele Menschen auch künftig nicht nur erstrebenswert, sondern zur Organisation von Alltags- und Berufsleben weiterhin notwendig sein. Zugleich ist der Wunsch nach einem urbanen, vitalen Lebensumfeld in der Großstadt keineswegs mit dem Willen zur Erduldung von Lärmbelastung zu jeder Tages- und Nachtzeit verknüpft, letztere jedoch auch innerhalb einer Metropole höchst ungleich auf unterschiedliche Wohnlagen verteilt; Raumgerechtigkeit muss somit, auch außerhalb als krisenhaft erlebter Situationen, immer im Konnex mit *Zeitgerechtigkeit* gedacht werden (Pohl 2019, 175).

Auch wenn also mit Recht ein leistungsfähiger Internetanschluss im gleichen Maß in Überlegungen zur Daseinsvorsorge einbezogen wird wie etablierte Parameter und der Blick auf Unterschiede hinsichtlich „unterversorgter" Regionen aus dieser Perspektive zwar nicht zwangsläufig anhand des Stadt-Land-Gegensatzes auszumachen ist, bleibt er jedoch sehr wohl nach wie vor ein räumlicher benennbarer Unterschied.

4 Christliche Wahrnehmungen von *Stadt* und *Land*

4.1 Religionshistorischer Exkurs

Entgegen dem Topos von der Hochschätzung ländlicher Idylle (mit der *Kirche im Dorf*) als Gegenpol vor allem zur modernen Großstadt, die spätestens seit der Mitte des 19. Jahrhunderts geradezu als Symbol von Gottlosigkeit und Diesseitsorientierung stereotypisiert wurde, ist der Stadtraum de facto durchaus bevorzugter Gegenstand theologischer Reflexion wie Kritik (Zarnow 2018, 186). Zudem gilt es als Konsens neutestamentlicher Forschung, dass sich das Christentum – nach den ländlichen Anfängen der Jesusbewegung – zunächst einmal als deutlich auf den Raum der (antiken) Stadt ausgerichtete Religion fassen lässt, ein städtisches Phänomen darstellt (von Bendemann und Tiwald 2012, 11): „Das Christentum war Städtereligion: je größer die Stadt, desto stärker – (wahrscheinlich auch relativ) – die Zahl der Christen", so Harnack (1920, 948). Max Weber gibt ihm Recht: „Tatsächlich ist die frühchristliche Religiosität städtische Religiosität, die Bedeutung des Christentums steigt unter sonst gleichen Umständen, wie Harnack überzeugend dargetan hat, mit der Größe der Stadt." (Weber 1921, 287)

Hans-Josef Klauck folgert daraus, der Lebensraum der ersten Christen sei, ebenso wie das Haus, die hellenistische Großstadt des Mittelmeerraums gewesen (Klauck 1992, 13). Die *Heiden* wiederum lebten – in der Heide, im ländlichen Raum; *pagani* sind letztlich schlicht Dorfbewohner, auf die die christliche Stadtbevölkerung durchaus herabblickte (Jung 2010, 17–18). Auch in Spenglers (problematischem) Werk waren „der Landmensch und der Stadtmensch [...] verschiedene Wesen. [...] Die neue Seele der Stadt redet eine neue Sprache, die sehr bald mit der Sprache der Kultur überhaupt gleichbedeutend wird. [...] Alle echte Stilgeschichte spielt sich in Städten ab" (Spengler 1918, 664). In der antiken Missionsstrategie kam den Städten eine zentrale Bedeutung zu, wie man an den Adress-Angaben ebenso wie an den verstreuten autobiographischen Informationen der Paulusbriefe ablesen kann und auch an den Ortsangaben der Apostelgeschichte (Klauck 1992, 14). Nicht nur als Städtemission, gar als Zentrumsmission kann man das paulinische Vorgehen beschreiben (Klauck 1992, 15), auch wenn etwa Jan Schäfer auf ein komplexes, dynamisches und in vielfältiger Weise konzipiertes Raumverständnis der Apostelgeschichte verweist mit sehr wechselnden Vorstellungen, was *Zentrum* und was *Peripherie* ist, was exemplarisch vor allem im Hinblick auf die Verhältnisbestimmung von Jerusalem und Rom spannende Beobachtungen eröffnet (Schäfer 2012, 204).

Wie wechselvoll die kategoriale Leitunterscheidung von Zentrum und Peripherie als soziologische Beschreibungskategorie für Abhängigkeit und Austausch wie für funktionale Differenzierungen samt impliziter sozialer Konstellationen in den biblischen Narrativen, bei Schäfer exemplarisch in der Apostelgeschichte, referenziert werden (Schäfer 2012, 191), kann auch für gegenwärtige theologische Überlegungen zum Thema impulsgebend verstanden werden. Idealtypische Konstruktionen einer Polarität zwischen *Stadt* und *Land*, gar einer Verknüpfung zwischen Innovation und Tradition, von kultureller Offenheit gegenüber rückständiger Verschlossenheit verstellen auch im historischen Nachvollzug antiker gesellschaftlicher Gegebenheiten den Blick auf Disparitäten und erhebliche territoriale Differenzen; so, wie heute die Großstädte Berlin, Gelsenkirchen, Lagos und Dhaka nur sehr bedingt miteinander verglichen oder gar idealtypisch in einem identischen Modell erfasst werden können, verliefen auch antike Urbanisierungsprozesse etwa in Griechenland anders als in anderen Regionen des Römischen Reichs, wirkten sich auch in neutestamentlicher Zeit regionale Dynamiken individuell verschieden aus und sind Transformations- und Adaptionsprozesse wohl vor allem als sich pauschalisierender Beschreibung verweigernde, *fließende Übergänge* sinnstiftend verstanden (von Bendemann und Tiwald 2012, 12).

Diesem Impuls folgend, bleibt es abschließend als theologische Aufgabe zu formulieren, derartige Ambivalenzen in der Verhältnisbestimmung von *Stadt* und *Land* mit entsprechender Ambiguitätstoleranz deutlicher zuzulassen. Wo sich die Vorzeichen in der Moderne zunächst umkehrten und der industrialisierten Großstadt verstärkt die romantisierte Idylle des Landlebens entgegengestellt wurde, war es im epochemachenden Werk *Stadt ohne Gott* von Harvey Cox (Cox 1965) dann wiederum gerade die Pointe, dass urbane Phänomene wie zunehmende Säkularisierung, das Auseinanderdriften großfamiliärer Solidarsysteme oder die Trennung von Wohnort und Arbeitsplatz keineswegs ausschließlich negativ zu beurteilen seien; auch theologisch seien Pragmatismus, Freiheit und Einflussmöglichkeit der städtischen Bevölkerung höher zu schätzen als eine mythische Überhöhung einer dörflichen Vergangenheit (Hübner 2016, Sp. 1491).

Im Rückgriff auf die raumplanerische Gegenwartsanalyse zum normativen Stand der Dinge hinsichtlich der Umsetzung gleichwertiger Lebensverhältnisse, auf die Argumente dafür, dass sich die Stadt-Land-Differenz durchaus als *im Fluss* befindlich bestimmen lässt, scheint es für Theologie(n) und speziell ihre Sozialethik (wie letztlich selbstredend für alle theologischen Disziplinen) angezeigt, allzu pointiert formulierte Gewissheiten um raumsoziologisch differenzierte Analysen zu erweitern, um die Komplexität des Anliegens – für die Ethik formuliert etwa: der Frage nach Teilhabe und Gerechtigkeit – nicht zu unterbieten.

4.2 Theologisch-sozialethische Konsequenzen

Abschließend sollen aus der Fülle möglicher sozialethischer Themen und Fragestellungen – an die angestellten Beobachtungen sich anschließend und selbstverständlich ohne Anspruch auf Vollständigkeit – exemplarische Konkretionen aufgezeigt werden, die *vollen Einsatz* kirchlicher wie theologischer Akteur:innen allen Herausforderungen zum Trotz und auch angesichts manchmal überspitzt attestierter *leerer Kirchen* angezeigt, relevant und notwendig erscheinen lassen.

Vor allem die sozialgeographische Segregation – zwischen urbanen und ländlichen Räumen ebenso wie innerhalb von Städten – rührt trotz langer phänomenologischer Nachweisbarkeit unvermindert und unmittelbar an Gerechtigkeitsfragen. Wohnstandortsentscheidungen etwa kommen in einer Annäherung aus Präferenzen und Restriktionen zustande – wobei ökonomische Restriktionen, die Wohnkosten, in der Regel entscheidend sind. Solche makroökonomischen wie makrosozialen und politischen Bedingungen sind für Entwicklungen auf dem Wohnungsmarkt und die Spielräume Wohnungssuchender relevant (Häussermann und Siebel 2004, 154–155), was sie unmittelbar zu einem ethischen, weil normativ gestaltbaren Thema macht. Divergenzen zwischen Stadt und *peripherisiertem* Land, zwischen attraktiven und *abgehängten* Städten sowie zwischen einzelnen Stadtteilen großer Städte gründen oftmals darin, dass diejenigen, die es sich leisten können, Quartiere mit einem schlechten Ruf verlassen, sowie in Tendenzen zu einer Gentrifizierung von Stadtvierteln (vgl. dazu insgesamt Meireis 2018). Nicht nur die Degradation des Wohnumfeldes, sondern auch die nach Kriterien der Teilhabegerechtigkeit relativ geringen Möglichkeiten der Betroffenen, den Umgang der Kommunalpolitik mit diesen Prozessen in ihrem Sinne zu beeinflussen, sind dabei als eine Gerechtigkeitslücke zu benennen. Auch die Privatisierung öffentlicher Räume – anschaulich etwa in der Umwandlung von öffentlichen Plätzen oder Freigeländen in begehbare Einkaufszentren – beschränkt Lebensmöglichkeiten zusätzlich (Meireis 2018). Soziologisch beschrieben werden für ethische Überlegungen folgenreiche Phänomene, etwa, wenn zunehmend segregierte soziale Milieus insbesondere für Kinder und Jugendliche in einem „Sozialisationssog" Benachteiligungen wahrscheinlicher werden lassen (Häussermann und Siebel 2004, 170). Hierauf reagierende Vorstellungen aktiver Stadtgestaltung haben im evangelischen Kontext vor allem diakonische Tradition, etwa im bereits 1846 von Wichern konzipierten Wohnungsbauprogramm unter den Maßstäben von Bildung als Schlüssel zur Teilhabe und funktionierenden Nachbarschaften und Zivilgesellschaft (Coenen-Marx 2016, 424).

In Analogie zu Sensibilitätsappellen gegenüber allzu dichotomen Vorstellungen von Stadt und Land gilt es auch, auf den Raum abzielende Gerechtigkeitsfragen multiperspektivisch im Zusammenhang von *Zeitgerechtigkeit* zu thematisieren. Raum-Zeit-Politik und Raum-Zeit-Planung sind vor diesem Hintergrund als Instrumente der Verteilungs- wie der Verfahrensgerechtigkeit zu entwickeln, um perspektivisch Bürger:innen zu einem Recht auf Zeit und einem Recht auf Stadt zu verhelfen (Henckel und Kramer 2019, 366). Ein solches Unterfangen stellt sich weit komplexer dar, als es zunächst den Anschein wecken könnte, gilt es doch, hochgradig unterschiedliche Ansprüche wie Verfügungsmöglichkeiten über Zeit als Ressource, Zeitwahrnehmungen, Rhythmen und Zeitkulturen mit ebenso disparaten Konzepten raumbezogener sozialer Gerechtigkeit zu verknüpfen, zumal dort, wo besonders intensive (zeitliche und räumliche) Nutzungen aufeinandertreffen, wo Nutzungskonflikte besonders offen zutage treten (Henckel und Kramer 2019, 369). Zu berücksichtigende Dimensionen umfassen dabei variierende normative Vorstellungen von einem „guten" konkreten Tagesablauf über Lebensabschnitte als Kinder, Jugendliche, Erwachsene oder ältere Menschen bis hin zu kollektiven Lebensspannen ganzer Generationen (Henckel und Kramer 2019, 386). Während sich unter dem Einfluss gesteigerten Wohlstands, einhergehend mit erhöhter Mobilität und langlebigen Leitbildern der Funktionstrennung zunehmend exklusive, monofunktional genutzte Raumstrukturen herausgebildet haben, wäre aus Gründen der Ressourcenschonung und nicht zuletzt der Zeitgerechtigkeit für (systematisierte) Mehrfachnutzungen und *shared spaces* zu plädieren und so etwa Flächennutzung oder Energieverbrauch zu reduzieren und Teilhabehürden zu senken (Schröer 2019, 210; 216–217).

Ebenso, wie generationelle Diversitäten angesichts der zumindest in Mitteleuropa in Folge des demographischen Wandels manifesten alternden Gesellschaften unterschiedliche Gerechtigkeitsansprüche zur Folge haben (vgl. dazu insgesamt Rinderspacher 2019), gilt es, die feministische Kritik an wissenschaftlicher wie politischer Wahrnehmung und Bearbeitung sozialer Ungleichheiten aufzugreifen. Verweigerung der Vergesellschaftung von Reproduktionsarbeit führt weitgehend zu asymmetrischen Mehrbelastungen zu Lasten von Frauen* im persönlichen sozialen Nahbereich oder auf oftmals informellen Märkten. Es zeigt sich, dass auch in diesem Kontext dichotome Gegenüberstellungen – etwa von Erwerbs- und Reproduktionsarbeit, aber auch von öffentlichem und privatem Raum – kaum zur Bearbeitung der Krise taugen; vielmehr muss es, trotz der mindestens seit den 1970er Jahren existierenden entsprechenden Kampagnen und Initiativen, verstärkt Ziel sozialethischen Nachdenkens über normative Vorstellungen von „guter" Raumgestaltung sein, geschlechtergerechte Räume zu ermöglichen (Häussermann und Siebel 2004, 196–212).

Zugleich ist mit der paradigmatischen Aufnahme feministischer Kritiken einer Horizonterweiterung der Weg gewiesen, die etwa Eurozentrismus nicht gänzlich ausschließen, wohl aber zumindest explizieren kann: Zumindest im Sinne eines *provincializing Europe* gilt es zu benennen, dass Erörterungen, wie sie etwa Gegenstand dieses Beitrags sind, keinen Anspruch auf globale Allgemeingültigkeit erheben können, sondern vielmehr nur einen räumlich begrenzten Ausschnitt mitteleuropäischer gesellschaftlicher Realitäten zum Gegenstand haben. Gleichwohl stellt es sich einer kritischen Sozialethik zur Aufgabe, nicht nur ihren Reflexionshorizont zu erweitern, sondern im Sinne postkolonial-internationaler Perspektiven auch Stimmen aus anderen – allzu oft noch als peripher gewichteten – Weltregionen in den wissenschaftlichen Diskurs zu integrieren. Die Thematisierung etwa von Herausforderungen rapider Zunahme von Urbanisierung ebenso wie ungleich extremer ausfallenden Stadt-Land-Unterschieden in Subsahara-Afrika, kirchliche Antworten darauf sowie deren theologische Reflexion sind durchaus Gegenstand theologischen Nachdenkens „vor Ort" (etwa Ndukwe 2020), das in europäischen oder generell „westlichen" Wissenschaftszusammenhängen allzu oft jedoch noch als disjunkte, rein kontextuelle Theologie wahrgenommen wird. Wo jedoch eine sozialethische Perspektive auf Fragen der Teilhabegerechtigkeit, konkretisiert an der Kategorie des Raumes, mit dem Appell zur Vermeidung allzu formalistischer Dichotomien von Kategorien wie *Stadt* und *Land* beginnt, kann die Forderung multiperspektivischer Intersektionalität nicht fakultatives Additiv sein, sondern steht angesichts normativer Überzeugungen vom Guten, das Segregation und Peripherisierung überwindet, im Zentrum des Nachdenkens.

Sich als wissenschaftliche Theologie und Kirche in Konsequenz in Debatten wie die hier erörterte(n) einzubringen, kann geradezu paradigmatisch innerhalb des Programms der Öffentlichen Theologie eingeordnet werden. Deren Programmatik lässt sich mit ihrem für den deutschsprachigen Kontext wohl (neben Jürgen Moltmann und Heinrich Bedford-Strohm) prominentesten Protagonisten Wolfgang Huber benennen: „Öffentliche Theologie meint die kritische Reflexion über das Wirken und die Wirkungen des Christentums in die gesellschaftliche Öffentlichkeit hinein sowie die dialogische Teilnahme am Nachdenken über die Identität und die Krisen, die Ziele und die Aufgaben der Gesellschaft." (Huber 1999, 117) Florian Höhne benennt dabei als fundamentaltheologische Grundfrage öffentlicher Theologie die Entfaltung legitimer Orientierungskraft religiöser Aussagen und Handlungen so, dass sie „über die Grenzen des theologischen Binnendiskurses hinaus verständlich sind – und zwar in einer heterogenen, multireligiösen und multikulturellen Gesellschaft". (Höhne 2015, 77)

Auch Marcus Hütter erachtet dabei in der Rezeption Wilhelm Dantines das Feld politischen Handelns als zentral, ohne sich als „Gewissensmacht" der unhintergehbar pluralen Gesellschaft zu verstehen (Hütter 2020, 288–289). Aus eschatologischer Perspektive abgeleitete *Realutopien* kennzeichnen dabei in die Gesellschaft wirkende Entwürfe, Richtlinien oder politische Überlegungen, die zu (freilich fluide bleibenden) Orientierungsgebilden werden (Hütter 2020, 291). Paradigmatisch ist hier das bei Hütter nachgezeichnete Bild Dantines von Öffentlicher Theologie als *Diasporatheologie*, nach der sich die Kirche – positiv gewendet! – in die Welt „einzustreuen" habe und gerade darin ihre primäre Aufgabe finde: „Nur inmitten der Welt, inmitten der Gesellschaft ist Kirche Kirche." (Hütter 2020, 279)

Traugott Jähnichen sieht in der öffentlichen Dimension des Christentums und dem daraus folgenden sozialethischen Mandat des Christentums das Potential, über aktuelle wie wirkungsgeschichtliche Prägekräfte des Christentums für unsere Gegenwart aufzuklären und die Relevanz christlicher Impulse für gegenwärtige gesellschaftliche Herausforderungen aufzuzeigen (Jähnichen 2015, 174). Kirche wird somit insgesamt zum öffentlichen Bildungsort, zur Herstellerin von Öffentlichkeit (und Gegenöffentlichkeit) und zur institutionellen Akteurin *in* der Öffentlichkeit (Höhne 2015, 123). Diese Rolle(n) vollumfänglich zu füllen, scheint angesichts drängender, grundlegender Gerechtigkeitsfragen im Hinblick auf das Verhältnis von *Stadt* und *Land* in sozialethischer Perspektive deutlich angezeigt.

Literaturverzeichnis

ARL – Akademie für Raumentwicklung der Leibniz-Gemeinschaft, Hg. 2020. *Raumordnung: Anwalt für gleichwertige Lebensverhältnisse und regionale Entwicklung – eine Positionsbestimmung*. Hannover: Positionspapiere aus der ARL.

Bayerischer Landtag. 2013. *Beschluss des Bayerischen Landtags vom 20. 06. 2013. Drucksache 16/17358*. https://www.bayern.landtag.de/fileadmin/images/content/Beschluss_16_15140.pdf (11. 03. 2021).

Bendemann, Reinhard von und Markus Tiwald. 2012. „Das frühe Christentum und die Stadt – Einleitung und Grundlegung." In *Das frühe Christentum und die Stadt*, hg. v. dies., 9–42. Stuttgart: Kohlhammer.

Bundesamt für Bauwesen und Raumordnung. 2005. *Raumordnungsbericht 2005*. Bonn.

Coenen-Marx, Cornelia. 2016. Art. „Stadtentwicklung." In *Diakonie-Lexikon*, hg. v. Norbert Friedrich u. a., 424–426. Göttingen: Vandenhoek & Ruprecht.

Cox, Harvey. 1965. *Stadt ohne Gott*. Stuttgart: Kreuz-Verlag.

Feld, Lars P., Andreas Schulten, Michael Gerling, Harald Simons und Carolin Wandzik. 2020. *Immobilienwirtschaft in und nach der Corona-Krise. Herbstgutachten des Rates der Immobilienweisen*. Berlin: ZIA – Zentraler Immobilien Ausschuss e.V.

Harnack, Adolf. 1920. *Die Mission und Ausbreitung des Christentums in den ersten drei Jahrhunderten*. Leipzig: J. C. Hinrichs'sche Buchhandlung.

Häußermann, Hartmut und Walter Siebel. 2004. *Stadtsoziologie. Eine Einführung*. Unter Mitarbeit von Jens Wurtzbacher. Frankfurt a. M. / New York: campus.

Henckel, Dietrich und Caroline Kramer. 2019. „Das Recht auf Zeit und das Recht auf Stadt: Die zeitgerechte Stadt – eine Handlungs- und Forschungsagenda." In *Zeitgerechte Stadt. Konzepte und Perspektiven für die Planungspraxis*, hg. v. dies., 365–405. Hannover: Verlag der Akademie für Raumforschung und Landesplanung.

Höhne, Florian. 2020. „Die Krise kann kein Maßstab sein. Warum sich Ethik nie dem Alarmismus des Ausnahmezustands hingeben darf." *zeitzeichen* (30.03.2020). https://zeitzeichen.net/index.php/node/8212 (11.03.2021).

Höhne, Florian. 2015. *Öffentliche Theologie. Begriffsgeschichte und Grundfragen.* Leipzig: Evangelische Verlagsanstalt.

Höner, Alexander. 2017. „Theologie der Stadt ist nicht Kirche in der Stadt." *Praktische Theologie* 52(4): 202–205.

Huber, Wolfgang. 1999. *Kirche in der Zeitenwende. Gesellschaftlicher Wandel und Erneuerung der Kirche.* Gütersloh: Gütersloher Verlagshaus.

Hübner, Jörg. 2016. Art. „Stadt (theologisch)." In *Evangelisches Soziallexikon*, hg. v. Jörg Hübner et. al., Sp. 1489–1492, 9. Auflage. Stuttgart: Kohlhammer.

Hütter, Markus. 2020. „‚Suchet der Stadt Bestes' (Jer 29,7). Diasporatheologie als Öffentliche Theologie bei Wilhelm Dantine." In *Konzepte und Räume Öffentlicher Theologie. Wissenschaft – Diakonie – Kirche*, hg. v. Ulrich H. J. Körtner, Reiner Anselm und Christian Albrecht, 269–292. Leipzig: Evangelische Verlagsanstalt.

Jähnichen, Traugott. 2015. „‚Öffentliches Christentum'. Eine unterschätzte Dimension christlicher Präsenz im Kontext der Kirchenmitgliedschaftsuntersuchungen." *Evangelische Theologie* 3: 166–178.

Jung, Martin H. 2010. *Kirchengeschichte*, Göttingen: Vandenhoeck & Ruprecht.

Kahl, Wolfgang. 2016. *„Gleichwertige Lebensverhältnisse" unter dem Grundgesetz. Eine kritische Analyse.* Heidelberg: C. F. Müller.

Klauck, Hans-Josef. 1992. *Gemeinde zwischen Haus und Stadt. Kirche bei Paulus.* Freiburg i. Br.: Herder.

Kühn, Jonathan. 2020. „Christliche Verkündigung im Internetzeitalter und ihre gemeindepädagogischen Potenziale." In *Digitale Bildung und religiöse Kommunikation. Religions- und gemeindepädagogische Perspektiven*, hg. v. Thomas Böhme et al., 108–112. Münster: Comenius-Institut.

Meireis, Torsten. 2018. „Aus den Augen, aus dem Sinn? Die Gentrifikation des öffentlichen Raums und das moralische Recht auf Zugang." In *Religion in der Stadt. Räumliche Konfigurationen und theologische Deutungen*, hg. von Christopher Zarnow et al., 226–247. Berlin: EB-Verlag.

Meireis, Torsten. 2008. *Tätigkeit und Erfüllung. Protestantische Ethik im Umbruch der Arbeitsgesellschaft.* Tübingen: Mohr Siebeck.

Menzel, Kerstin. 2019. *Kleine Zahlen, weiter Raum. Pfarrberuf in ländlichen Gemeinden Ostdeutschlands.* Stuttgart: Kohlhammer.

Ndukwe, Olo. 2020. „Rural Community Development." In *African Public Theology*, hg. v. Sunday Bobai Agang, Dion A. Forster und H. Jurgens Hendriks, 127–142. Bukuru: HippoBooks.

Neumaier, Anna. 2016. *religion@home? Religionsbezogene Online-Plattformen und ihre Nutzung. Eine Untersuchung zu neuen Formen gegenwärtiger Religiosität.* Würzburg: Ergon.

Oorschot, Frederike van. 2020. „Präsent sein. Ekklesiologische Perspektiven auf das kirchliche Leben unter den Bedingungen des Infektionsschutzes und seine Folgen." In *Corona als Riss. Perspektiven für Kirche, Politik und Ökonomie*, hg. v. Benjamin Held et al., 73–89. Heidelberg: Universitätsbibliothek.

Pohl, Thomas. 2019. „Regionalisierung zeit-räumlicher Stadtstrukturen." In *Zeitgerechte Stadt. Konzepte und Perspektiven für die Planungspraxis*, hg. v. Dietrich Henckel und Caroline Kramer, 171–202. Hannover: Verlag der Akademie für Raumforschung und Landesplanung.

Rinderspacher, Jürgen P. 2019. „Zeitliche Diversität in der alternden Stadtgesellschaft. Lösungsansätze und zeitpolitische Implikationen." In *Zeitgerechte Stadt. Konzepte und Perspektiven für die Planungspraxis*, hg. v. Dietrich Henckel und Caroline Kramer, 311–333. Hannover: Verlag der Akademie für Raumforschung und Landesplanung.

Schäfer, Jan. 2012. „Vom Zentrum zum Zentrum. Die Achse der Apostelgeschichte von Jerusalem nach Rom." In *Das frühe Christentum und die Stadt*, hg. v. Reinhard von Bendemann und Markus Tiwald, 189–207. Stuttgart: Kohlhammer.

Schneider, Martin. 2012. *Raum – Mensch – Gerechtigkeit. Sozialethische Reflexionen zur Kategorie des Raumes*. Paderborn u. a.: Schöningh.

Schröer, Achim. 2019. „Mehrfach:Nutzen – Mehrfachnutzung und Space Sharing als Strategie zur nachhaltigen Stadtentwicklung." In *Zeitgerechte Stadt. Konzepte und Perspektiven für die Planungspraxis*, hg. v. Dietrich Henckel und Caroline Kramer, 203–222. Hannover: Verlag der Akademie für Raumforschung und Landesplanung.

Simmank, Maike. 2020. „Wohnen auf dem Land: Infrastrukturen für ‚gleichwertige Lebensverhältnisse'." In *Wohnungsfragen ohne Ende?! Ressourcen für eine soziale Wohnraumversorgung*, hg. v. Barbara Schönig und Lisa Vollmer, 193–205. Bielefeld: transcript.

Spengler, Oswald. 1918. *Der Untergang des Abendlandes. Umrisse einer Morphologie der Weltgeschichte*. Wien: Braumüller.

Der Spiegel. 2021. *Hunderttausende verlassen Großbritannien* (15.01.2021). https://www.spiegel.de/wirtschaft/soziales/grossbritannien-hunderttausende-menschen-verlassen-das-land-wegen-corona-folgen-a-c851e556-6e7c-4ae1-8285-479fa288012b (11.03.2021).

Stoellger, Philipp. 2020. „Eröffnung: Corona als Riss in der Lebenswelt. Zur Orientierung über Naherwartungen, Enttäuschungsrisiken und Nebenwirkungen." In *Corona als Riss. Perspektiven für Kirche, Politik und Ökonomie*, hg. v. Benjamin Held et al., 13–30. Heidelberg: Universitätsbibliothek.

Terfrüchte, Thomas. 2019. „Gleichwertige Lebensverhältnisse zwischen Raumordnung und Regionalpolitik." *Wirtschaftsdienst* 99: 24–30.

Weber, Max. 1972 [1921]. *Wirtschaft und Gesellschaft. Grundriß der verstehenden Soziologie*, Studienausgabe, 5. rev. Aufl., besorgt von Johannes Winckelmann. Tübingen: Mohr.

Wustmans, Clemens. 2020. „Gibt es ein Recht auf Wohnraum in der Stadt?" *feinschwarz.net. Theologisches Feuilleton* (16.06.2020) https://www.feinschwarz.net/gibt-es-ein-recht-auf-wohnraum-in-der-stadt/ (11.03.2021).

Zarnow, Christopher. 2018. Urbane Theologie. *Zeitschrift für Theologie und Kirche* 115(2): 185–208.

www.ingramcontent.com/pod-product-compliance
Lightning Source LLC
Chambersburg PA
CBHW051406290426
44108CB00015B/2178